大方廣佛華嚴經

일러두기

1. 『대방광불화엄경 강설』 원문原文의 저본底本은 근세에 교정이 가장 잘 되었다고 정평이 나 있는 대만臺灣의 불타교육기금회佛陀敎育基金會에서 출판한 『화엄경소초華嚴經疏鈔』본입니다.

2. 『대방광불화엄경 강설』은 실차난타實叉難陀가 695년부터 699년까지 4년에 걸쳐 번역해 낸 80권본卷本 『대방광불화엄경』을 우리말로 옮기고 강설을 붙인 것입니다.

3. 『대방광불화엄경』은 애초 산스크리트에서 한역漢譯된 경전이지만 현재 산스크리트본은 소실된 상태입니다. 산스크리트를 음차한 경우 굳이 원래 소리를 표기하려고 하기보다는 『표준국어대사전』이나 『불교사전』 등에 등재된 한자음을 사용하는 것을 원칙으로 하였습니다.

4. 경문의 한글 번역은 동국역경원본을 참고하여 그대로 또는 첨삭을 하며 의미대로 번역하고 다듬었습니다.

5. 각 품마다 내용에 따라 단락을 나누고 제목을 달았습니다. 단락의 제목은 주로 청량淸凉스님의 견해에 기초하였고 이통현李通玄장자의 견해를 참고로 하였습니다.

6. 『대방광불화엄경 강설』의 발행 순서는 한역 경전의 편재 순서를 기준으로 하였고 각 권은 단행본 한 권씩으로 출간될 예정이며 모두 80권으로 완간됩니다. 다만 80권본에 빠져있는 「보현행원품」은 80권본 완역 및 강설 후 시리즈에 포함돼 추가될 예정입니다.

7. 『대방광불화엄경 강설』 안에서 불교용어를 풀이한 것은 운허스님이 저술하고 동국역경원에서 편찬한 『불교사전』을 인용하였습니다.

8. 각주의 청량스님의 소疏는 대만에서 입력한 大方廣佛華嚴經 사이트의 것을 사용하였습니다.

9. 『대방광불화엄경 강설』 입법계품에 들어가는 문수지남도는 북송北宋시대 불국佛國선사가 선재동자가 53명의 선지식을 친견하여 법을 구하는 장면을 하나하나 그림으로 그린 것입니다.

대방광불화엄경 강설
제 3 권

一. 세주묘엄품世主妙嚴品 3

실차난타實叉難陀 한역
무비스님 강설

서문

인생은 그 자체만으로도 하루하루가 최상의 축제입니다.

그 축제를 한껏 즐기고 누리는 길은 인생이 축제라는 사실을 설파하여 그 축제에 눈을 뜨게 한 화엄경을 공부하는 일입니다. 그러므로 화엄경을 읽으며 화엄경의 바다에서 마음껏 유영하다 보면 인생이라는 축제 속으로 깊이 젖어 듭니다. 즐겁고 기쁘고 환희에 넘치는 축제에 도취되어 있는데 더 이상 무엇이 필요하겠습니까.

축제를 즐깁시다.

화엄경을 공부하고 천착하면서 축제를 즐깁시다.

우리는 무수한 생명체 중에서 사람으로 태어났고 불법을 만났습니다. 거기에 더하여 인류 최고의 걸작인 화엄경을 이렇게 만났습니다.

부디 사람으로 태어난 보람을 화엄경과 함께하시기를 바랍니다.

2014년 2월 1일

신라 화엄종찰 금정산 범어사

如天 無比

대방광불화엄경 목차

제1권	1. 세주묘엄품世主妙嚴品 [1]		제18권	18. 명법품明法品
제2권	1. 세주묘엄품世主妙嚴品 [2]		제19권	19. 승야마천궁품昇夜摩天宮品
제3권	**1. 세주묘엄품世主妙嚴品 [3]**			20. 야마천궁게찬품夜摩天宮偈讚品
제4권	1. 세주묘엄품世主妙嚴品 [4]			21. 십행품十行品 [1]
제5권	1. 세주묘엄품世主妙嚴品 [5]		제20권	21. 십행품十行品 [2]
제6권	2. 여래현상품如來現相品		제21권	22. 십무진장품十無盡藏品
제7권	3. 보현삼매품普賢三昧品		제22권	23. 승도솔천궁품昇兜率天宮品
	4. 세계성취품世界成就品		제23권	24. 도솔궁중게찬품兜率宮中偈讚品
제8권	5. 화장세계품華藏世界品 [1]			25. 십회향품十廻向品 [1]
제9권	5. 화장세계품華藏世界品 [2]		제24권	25. 십회향품十廻向品 [2]
제10권	5. 화장세계품華藏世界品 [3]		제25권	25. 십회향품十廻向品 [3]
제11권	6. 비로자나품毘盧遮那品		제26권	25. 십회향품十廻向品 [4]
제12권	7. 여래명호품如來名號品		제27권	25. 십회향품十廻向品 [5]
	8. 사성제품四聖諦品		제28권	25. 십회향품十廻向品 [6]
제13권	9. 광명각품光明覺品		제29권	25. 십회향품十廻向品 [7]
	10. 보살문명품菩薩問明品		제30권	25. 십회향품十廻向品 [8]
제14권	11. 정행품淨行品		제31권	25. 십회향품十廻向品 [9]
	12. 현수품賢首品 [1]		제32권	25. 십회향품十廻向品 [10]
제15권	12. 현수품賢首品 [2]		제33권	25. 십회향품十廻向品 [11]
제16권	13. 승수미산정품昇須彌山頂品		제34권	26. 십지품十地品 [1]
	14. 수미정상게찬품須彌頂上偈讚品		제35권	26. 십지품十地品 [2]
	15. 십주품十住品		제36권	26. 십지품十地品 [3]
제17권	16. 범행품梵行品		제37권	26. 십지품十地品 [4]
	17. 초발심공덕품初發心功德品		제38권	26. 십지품十地品 [5]

제39권	26. 십지품十地品 [6]		제58권	38. 이세간품離世間品 [6]
제40권	27. 십정품十定品 [1]		제59권	38. 이세간품離世間品 [7]
제41권	27. 십정품十定品 [2]		제60권	39. 입법계품入法界品 [1]
제42권	27. 십정품十定品 [3]		제61권	39. 입법계품入法界品 [2]
제43권	27. 십정품十定品 [4]		제62권	39. 입법계품入法界品 [3]
제44권	28. 십통품十通品		제63권	39. 입법계품入法界品 [4]
	29. 십인품十忍品		제64권	39. 입법계품入法界品 [5]
제45권	30. 아승지품阿僧祇品		제65권	39. 입법계품入法界品 [6]
	31. 여래수량품如來壽量品		제66권	39. 입법계품入法界品 [7]
	32. 보살주처품菩薩住處品		제67권	39. 입법계품入法界品 [8]
제46권	33. 불부사의법품佛不思議法品 [1]		제68권	39. 입법계품入法界品 [9]
제47권	33. 불부사의법품佛不思議法品 [2]		제69권	39. 입법계품入法界品 [10]
제48권	34. 여래십신상해품如來十身相海品		제70권	39. 입법계품入法界品 [11]
	35. 여래수호광명공덕품 如來隨好光明功德品		제71권	39. 입법계품入法界品 [12]
			제72권	39. 입법계품入法界品 [13]
제49권	36. 보현행품普賢行品		제73권	39. 입법계품入法界品 [14]
제50권	37. 여래출현품如來出現品 [1]		제74권	39. 입법계품入法界品 [15]
제51권	37. 여래출현품如來出現品 [2]		제75권	39. 입법계품入法界品 [16]
제52권	37. 여래출현품如來出現品 [3]		제76권	39. 입법계품入法界品 [17]
제53권	38. 이세간품離世間品 [1]		제77권	39. 입법계품入法界品 [18]
제54권	38. 이세간품離世間品 [2]		제78권	39. 입법계품入法界品 [19]
제55권	38. 이세간품離世間品 [3]		제79권	39. 입법계품入法界品 [20]
제56권	38. 이세간품離世間品 [4]		제80권	39. 입법계품入法界品 [21]
제57권	38. 이세간품離世間品 [5]		제81권	40. 보현행원품普賢行願品

目次

대방광불화엄경 강설 제3권

一. 세주묘엄품世主妙嚴品 3

화엄회상 대중들의 득법得法과 게송 ·········· 12

13. 건달바왕 대중들의 득법과 게송
1) 득법 ·········· 12
2) 게송 ·········· 20

14. 구반다왕 대중들의 득법과 게송
1) 득법 ·········· 29
2) 게송 ·········· 36

15. 용왕 대중들의 득법과 게송
1) 득법 ·········· 46
2) 게송 ·········· 55

16. 야차왕 대중들의 득법과 게송
1) 득법 ·········· 68
2) 게송 ·········· 74

17. 마후라가왕 대중들의 득법과 게송
1) 득법 ·········· 84
2) 게송 ·········· 93

18. 긴나라왕 대중들의 득법과 게송
1) 득법 ·········· 102
2) 게송 ·········· 110

19. 가루라왕 대중들의 득법과 게송
   1) 득법 ·· 119
   2) 게송 ·· 126
20. 아수라왕 대중들의 득법과 게송
   1) 득법 ·· 135
   2) 게송 ·· 143
21. 주주신 대중들의 득법과 게송
   1) 득법 ·· 152
   2) 게송 ·· 159
22. 주야신 대중들의 득법과 게송
   1) 득법 ·· 170
   2) 게송 ·· 177
23. 주방신 대중들의 득법과 게송
   1) 득법 ·· 187
   2) 게송 ·· 194
24. 주공신 대중들의 득법과 게송
   1) 득법 ·· 203
   2) 게송 ·· 210
25. 주풍신 대중들의 득법과 게송
   1) 득법 ·· 219
   2) 게송 ·· 227

대방광불화엄경 강설

제3권

一. 세주묘엄품 3

화엄회상 대중들의
득법得法과 게송

13. 건달바왕 대중들의 득법과 게송

1) 득법

復次持國乾闥婆王은 得自在方便으로 攝一切
衆生解脫門하니라

다시 또 지국持國 건달바왕은 자재한 방편으로 일체 중생을 거두어 주는 해탈문을 얻었습니다.

건달바는 건달박健達縛, 언달박彦達嚩, 건타라乾陀羅, 건답화乾沓和라고도 하는데 약어로 건달乾闥 또는 달바闥婆라고도 한다. 산스크리트 '간다르바gandharva'의 음사다. 식향食香, 심향尋香, 향음香陰이라고 번역한다. 팔부중八部衆의 하나로서 제석帝釋을 섬기며 음악을 연주하는 신神으로 향기만 먹고 산다고 한다.

건달바는 음악을 좋아하기 때문에 법을 얻은 내용이 자재한 방편으로 일체 중생을 거둔다고 하였다. 불교에는 오래전부터 범패라는 음악이 있어 왔다. 요즘에는 찬불가도 많이 지어졌으며 그 외에 훌륭한 불교음악도 많다. 음악으로 일체 중생을 섭수하다 보니 산사 음악회와 같은 음악회까지 사찰에 도입되었다.

  수 광 건 달 바 왕   득 보 견 일 체 공 덕 장 엄 해 탈
  樹光乾闥婆王은 得普見一切功德莊嚴解脫
문
門하니라

수광樹光 건달바왕은 모든 공덕 장엄을 널리 보는 해탈문을 얻었습니다.

세상사를 보는 데 부정적으로 보는 사람이 있고 긍정적으로 보는 사람도 있다. 가능하면 모든 것을 아름답게 보고 감사하게 생각하고 그 나름의 공덕으로 생각하는 태도가 중요하다.

_{정 목 건 달 바 왕} _{득 영 단 일 체 중 생 우 고} _출
淨目乾闥婆王은 **得永斷一切衆生憂苦**하야 出
_{생 환 희 장 해 탈 문}
生歡喜藏解脫門하니라

정목淨目 건달바왕은 모든 중생의 근심과 고통을 길이 끊어서 환희를 내는 창고의 해탈문을 얻었습니다.

근심과 고통을 끊어서 영원히 환희하는 길은 일체 경계를 대하더라도 무심해야 하는 것이다. 화엄경에서는 "불교를 공부한다는 것은 항상 마음을 단속하는 것이다[奉行佛敎常攝

心.”라고 하였다. 경계에 끌려 다니면 근심과 고통이 있을 뿐이다. 방거사도 "다만 스스로 만물에 무심하면 만물이 항상 나를 에워싸고 있다 하더라도 방해될 것이 없다."[1]라고 하였다.

華冠乾闥婆王은 得永斷一切衆生邪見惑解脫門하니라

화관華冠 건달바왕은 모든 중생들의 삿된 소견과 미혹을 영원히 끊는 해탈문을 얻었습니다.

삿된 소견을 끊는 방법은 무엇일까. 부처님의 정법을 열심히 공부해서 중도정견中道正見을 바로 세우는 길이다. 바른 견해는 스스로 세워지지 않는다.

---

1) 但自無心於萬物 何妨萬物常圍繞 鐵牛不怕獅子吼 恰似木人見花鳥 木人本體自無情 花鳥逢人亦不驚 心境如如只遮是 何慮菩提道不成.

희보보음건달바왕　　　득여운광포　　　보음택
喜步普音乾闥婆王은 **得如雲廣布**하야 **普蔭澤**

일체중생해탈문
一切衆生解脫門하니라

　희보보음喜步普音 건달바왕은 구름이 널리 퍼지듯이 모든 중생을 널리 덮어 윤택하게 하는 해탈문을 얻었습니다.

　정법에 대한 바른 견해를 세웠다면 불교의 정법을 널리 펴려는 뜨거운 자비심이 있어야 한다. 뜨거운 자비심으로 일체 중생을 널리 덮어 윤택하게 하는 것이 곧 자비의 실천이다.

　　낙요동미목건달바왕　　　득현광대묘호신
樂搖動美目乾闥婆王은 **得現廣大妙好身**하야

영일체획안락해탈문
令一切獲安樂解脫門하니라

　낙요동미목樂搖動美目 건달바왕은 광대하고 미묘하고 아름다운 몸을 나타내어 모든 이들에게 안락을 얻게 하는 해탈문을 얻었습니다.

형상을 보아야 신심을 낸다는 상견중생相見衆生이라는 말이 있다. 또 비슷한 말로 견물생심見物生心이라는 말도 있다. 중생들의 수준이나 근기는 아름답고 성스러운 부처님이나 보살들의 모습을 보아야 믿음을 더 낸다. 그래서 사찰에 불상이나 보살상을 조각하거나 그림을 그릴 때는 능력이 미치는 한에서 가장 아름답고 성스럽게 만든다. 신라의 불상이나 고려불화는 인간이 상상할 수 있는 최고의 아름다운 불보살을 형상화한 것이다. 훌륭한 불보살의 상호를 보는 것만으로도 마음이 편안해지기 때문이다.

묘 음 사 자 당 건 달 바 왕　　 득 보 산 시 방 일 체 대
妙音獅子幢乾闥婆王은 **得普散十方一切大**

명 칭 보 해 탈 문
名稱寶解脫門하니라

묘음사자당妙音獅子幢 건달바왕은 시방의 온갖 큰 이름이 나 있는 보배를 널리 흩는 해탈문을 얻었습니다.

유명하고 값진 보배들을 널리 흩어서 무엇을 하는가. 일체 가난한 중생들의 의식주를 돕고자 하는 것이다. 그리고 병고를 앓는 사람들을 위해서 약품 및 의료비용에 도움을 주고자 하는 것이다. 가정이 어려운 청소년들의 학비를 돕고자 하는 것이다.

보 방 보 광 명 건 달 바 왕   득 현 일 체 대 환 희 광
普放寶光明乾闥婆王은 **得現一切大歡喜光**
명 청 정 신 해 탈 문
明淸淨身解脫門하니라

보방보광명普放寶光明 건달바왕은 모든 이가 크게 환희하는 광명이 청정한 몸을 나타내는 해탈문을 얻었습니다.

사람은 외모도 아름다워야 하지만 외모에서 마음씨와 덕화가 풍겨야 비로소 좋은 얼굴이라고 할 수 있다. 사람들에게 친근감과 기쁨을 주고 빛이 나며 훌륭한 인품이라는 느낌이 나는 모습을 뜻한다.

금강수화당건달바왕　　득보자영일체수
金剛樹華幢乾闥婆王은 **得普滋榮一切樹**하야

영견자환희해탈문
令見者歡喜解脫門하니라

　금강수화당金剛樹華幢 건달바왕은 모든 수목을 무성하게 해서 보는 이가 다 환희케 하는 해탈문을 얻었습니다.

　사람 사람이 마음에 지닌 보리수나무를 윤택하게 하고 무성하게 하면 그것이 법화法化며 덕화德化다. 법화와 덕화로써 인생을 살아가면 보는 사람마다 만나는 사람마다 다 기뻐하고 환희한다.

보현장엄건달바왕　　득선입일체불경계
普現莊嚴乾闥婆王은 **得善入一切佛境界**하야

여중생안락해탈문
與衆生安樂解脫門하니라

　보현장엄普現莊嚴 건달바왕은 모든 부처님의 경계에 잘 들어가서 중생에게 안락을 주는 해탈문을 얻었습니다.

부처님은 오로지 중생들을 편안하게 하려고 수행하시고 깨달음을 얻었다. 그 깨달음으로 만 중생들에게 안락과 이익을 주신다. 불교가 그렇고 불교를 믿는 모든 사람이 또한 그래야 한다.

2) 게송

<ruby>爾時<rt>이시</rt></ruby>에 <ruby>持國乾闥婆王<rt>지국건달바왕</rt></ruby>이 <ruby>承佛威力<rt>승불위력</rt></ruby>하사 <ruby>普觀一切乾闥婆衆<rt>보관일체건달바중</rt></ruby>하고 <ruby>而說頌言<rt>이설송언</rt></ruby>하니라

그때에 지국持國 건달바왕이 부처님의 위신력을 받들어 모든 건달바 대중들을 두루 살피고 게송으로 말하였습니다.

<ruby>諸佛境界無量門<rt>제불경계무량문</rt></ruby>이여 <ruby>一切衆生莫能入<rt>일체중생막능입</rt></ruby>이어늘
<ruby>善逝如空性淸淨<rt>선서여공성청정</rt></ruby>하사 <ruby>普爲世間開正道<rt>보위세간개정도</rt></ruby>로다

모든 부처님의 경계 한량없는 문이여
일체 중생이 들어갈 수 없거늘
선서善逝는 허공과 같아서 성품이 청정하사
널리 세간을 위해서 바른 길을 보이시네.

진리를 깨달으신 부처님의 세계란 보통의 범인으로서는 상상할 수 없다. 그래서 일체 중생들은 부처님의 문에 들어갈 수 없다. 또한 부처님은 허공과 같은 텅 빈 청정한 성품이시다. 세간을 위하여 바른 길을 열어서 또한 중생들은 문 문마다 인연을 따라 다 들어가기도 한다.

여래 일 일 모 공 중　　공 덕 대 해 개 충 만
如來一一毛孔中에　　**功德大海皆充滿**하사

일 체 세 간 함 이 락　　차 수 광 왕 소 능 견
一切世間咸利樂하시니　**此樹光王所能見**이로다

여래의 낱낱 모공毛孔 가운데
공덕의 큰 바다가 모두 충만하사
모든 세간이 다 이롭고 즐거우니

이것은 수광 건달바왕이 능히 보았네.

불법은 어떤 말씀의 구절은 아니지만 또한 구구절절이 바른 견해와 참다운 이치가 다 녹아 있다. 그러므로 구구절절 사람의 눈을 뜨게 하고 구구절절 감동을 일으킨다. 실로 "여래의 낱낱 모공毛孔 가운데 공덕의 큰 바다가 모두 충만하여 모든 세간이 다 이롭고 즐거우니라."라고 하였다.

세 간 광 대 우 고 해　　　　불 능 소 갈 실 무 여
世間廣大憂苦海를　　　　**佛能消竭悉無餘**하시니
여 래 자 민 다 방 편　　　　정 목 어 차 능 심 해
如來慈愍多方便이여　　　**淨目於此能深解**로다

세간의 넓고 큰 고통의 바다를
부처님이 남김없이 다 소멸하시니
여래의 자비롭고 불쌍히 여기는 많은 방편이여
정목 건달바왕이 여기에서 깊이 알았도다.

부처님의 자비는 참으로 넓고 크다. 세상의 광대한 고통

의 바다만큼이나 넓고 크다. 넓고 큰 자비와 원력으로 광대한 세상의 고통바다를 남김없이 다 소멸하신다.

시방찰해무유변 　　　　　 불이지광함조요
十方刹海無有邊을　　　 **佛以智光咸照耀**하사

보사척제사악견 　　　　　 차수화왕소입문
普使滌除邪惡見하시니　 **此樹華王所入門**이로다

시방세계의 바다가 끝이 없음을
부처님이 지혜의 광명으로 다 비추사
널리 삿되고 악한 소견을 씻어 없애시니
이것은 수화[華冠] 건달바왕이 들어간 문이로다.

부처님의 지혜 광명이 광대함도 또한 시방세계의 끝이 없음과 같다. 그 광대한 지혜로 세상의 모든 삿되고 악한 소견들을 다 씻어 없앤다.

불어왕석무량겁 　　　　　 수습대자방편행
佛於往昔無量劫에　　　 **修習大慈方便行**하사

일체 세간 함 위 안　　　차 도 보 음 능 오 입
一切世間咸慰安하시니　**此道普音能悟入**이로다

부처님이 지난 옛적 한량없는 겁 동안
큰 자비의 방편행을 닦아 익히사
모든 세간을 다 위로하고 편하게 하시니
이 도는 희보보음 건달바왕이 깨달아 들어갔네.

부처님의 광대한 지혜와 자비가 만약 어느 한순간뿐이라면 그것은 결코 부처님의 지혜와 자비라고 할 수 없을 것이다. 옛적에 한량없는 겁을 닦아 익힌 것이기에 그 작용이 또한 한량이 없다.

불 신 청 정 개 낙 견　　　능 생 세 간 무 진 락
佛身淸淨皆樂見이여　**能生世間無盡樂**과

해 탈 인 과 차 제 성　　　미 목 어 사 선 개 시
解脫因果次第成하시니　**美目於斯善開示**로다

부처님의 몸은 청정해서 다 보기를 좋아함이여
세간의 다함없는 즐거움을 내시어

해탈하는 인과를 차례로 성취하시니
낙요동미목 건달바왕이 여기에서 잘 열어 보이시네.

부처님의 몸에 대한 점을 앞에서 여러 가지로 설명하였는데 여기에서는 세상 사람들이 아무리 보아도 다시 보고 싶고, 또 다시 보고 싶어하면서 즐거운 마음을 낸다고 하였다. 세상 사람들의 모습은 아무리 잘났어도 금방 싫증을 내기 마련이며 아무리 아름다운 경치나 귀중한 보물이라 하더라도 역시 마찬가지다. 세상사를 초월한 부처님의 아름다움이란 이와 같다.

중생미혹상유전   우치장개극견밀
衆生迷惑常流轉하야   **愚癡障蓋極堅密**이어늘

여래위설광대법   사자당왕능연창
如來爲說廣大法하시니   **獅子幢王能演暢**이로다

중생은 미혹해서 항상 유전하며
어리석음이라는 업장의 덮개는 지극히 견고하거늘
여래가 중생을 위하여 광대한 법을 설하시니

묘음사자당 건달바왕이 능히 연설하도다.

중생들의 어리석음이라는 업장의 덮개는 참으로 두껍고 지극히 견고하다. 10미터의 두꺼운 시멘트 위에다 다시 10미터의 두꺼운 바위를 올려놓은 모습으로도 비교할 수 없는 두께다. 사람들이 살아가는 모습을 관찰하노라면 안타깝고 가여워서 견딜 수가 없다.

여래보현묘색신
如來普現妙色身하사대

무량차별등중생
無量差別等衆生하사

종종방편조세간
種種方便照世間하시니

보방보광여시견
普放寶光如是見이로다

여래가 미묘한 몸을 널리 나타내어
한량없이 차별한 모습을 중생들과 같이 하사
갖가지 방편으로 세간을 비추시니
보방보광명 건달바왕이 이와 같이 보았네.

부처님의 미묘한 몸은 곧 부처님의 가르침이다. 그 가르침은 미묘하고 다양하여 한없이 차별하다. 무수한 중생들의 갖가지 성품과 욕망과 뜻에 맞추어 갖가지 방편으로 널리 비춘다. 8만4천 번뇌에 맞춘 8만4천의 가르침이다.

대지방편무량문
大智方便無量門이여

불위군생보개천
佛爲群生普開闡하사

입승보리진실행
入勝菩提眞實行케하시니

차금강당선관찰
此金剛幢善觀察이로다

큰 지혜와 방편의 문이 한량없거늘
부처님이 중생을 위해 널리 열어서
수승한 보리의 진실한 행에 들게 하시니
이것은 금강수화당 건달바왕이 잘 관찰했도다.

부처님이 중생들을 위해서 광대한 지혜와 한량없는 방편을 펴신 것은 깨달음이라는 진실한 행에 들어가게 하기 위함이다. 불교에는 사람들의 근기를 따라 수많은 목적이 있지만 불교의 궁극적 목표는 오로지 수승한 깨달음뿐이다.

일찰나중백천겁	불력능현무소동
一刹那中百千劫을	**佛力能現無所動**하사
등이안락시군생	차락장엄지해탈
等以安樂施群生하시니	**此樂莊嚴之解脫**이로다

일찰나 동안에 백천 겁을

부처님의 힘으로 나타내어도 동하지 않고

평등하게 안락으로써 중생에게 베푸시니

이것은 보현장엄 건달바왕의 해탈이로다.

  법성게에 '일념즉시무량겁一念卽是無量劫'이라 하였다. 그 일념 안에 백천 겁이 있음을 부처님은 다 나타내 보이시지만 아무런 미동도 없다. 현재의 모습 그대로 있으면서 일념 안에 백천 겁을 다 나타내어 평등하게 안락으로써 중생에게 베푸신다.

14. 구반다왕 대중들의 득법과 게송

1) 득법

부 차 증 장 구 반 다 왕   득 멸 일 체 원 해 력 해 탈
復次增長鳩槃茶王은 **得滅一切怨害力解脫**
문
門하니라

다시 또 증장增長 구반다왕은 모든 원망과 해침을 소멸하는 힘의 해탈문을 얻었습니다.

구반다鳩槃茶는 산스크리트 '쿰반다(kumbhāṇḍa)'의 음사다. 염미귀厭眉鬼, 동과귀冬瓜鬼라고 번역한다. 수미산 중턱의 남쪽을 지키는 증장천왕增長天王의 권속으로, 사람의 정기를 먹는다는 귀신이다. 말 머리에 사람 몸의 형상을 하고 있다. 동의어로 염미귀厭眉鬼, 동과귀冬瓜鬼, 구원鳩垣, 길반다吉槃茶가 있다.

사람들에게는 번뇌도 여러 가지다. 자신에게는 원망과 슬픔과 한탄과 미움이 있고, 타인에게는 남을 해침과 손해 보임과 훼방하고 방해하는 것 등이 있다. 보살은 이 모든 것

을 소멸하는 힘이 있다.

용주구반다왕 득수습무변행문해해탈문
龍主鳩槃茶王은 **得修習無邊行門海解脫門**하니라

용주龍主 구반다왕은 끝없는 행문行門의 바다를 닦아 익히는 해탈문을 얻었습니다.

불법에는 수행의 문이 끝이 없다. 52보살계위를 지나서 또 무수한 중생을 교화해야 하는 일 모두가 수행의 문에 해당한다. 그러므로 수행이란 불자에게는 세세생생 끝없이 살아가는 삶의 길이다.

장엄당구반다왕 득지일체중생심소락해
莊嚴幢鳩槃茶王은 **得知一切衆生心所樂解**
탈문
脫門하니라

장엄당莊嚴幢 구반다왕은 모든 중생의 마음에 즐기는

바를 아는 해탈문을 얻었습니다.

사람들이 즐기는 것도 시대에 따라서 조금씩 다르다. 기본이 되는 것은 오욕락이지만 지금과 같이 모든 면에서 현대화가 되고 물질문명이 발달하여 교통과 통신이 편리해짐에 따라 여러 가지로 즐길 것들이 새롭게 생겨났다. 볼 것, 들을 것, 먹을 것 등등이 얼마나 많은가. 그 수를 다 헤아릴 수 없다.

요익행구반다왕
饒益行鳩槃茶王은
득보성취청정대광명소
得普成就淸淨大光明所
작업해탈문
作業解脫門하니라

요익행饒益行 구반다왕은 청정한 대광명으로써 짓는 업을 널리 성취하는 해탈문을 얻었습니다.

사람들이 하는 일은 공을 들이고 노력을 기울인다고 해서 모두 성취되는 것은 아니다. 무엇이든 일을 시작하려면 먼저 청정하고 빛나는 지혜에 의지하여 면밀히 사량하고 분별하여 상황 판단을 정확하게 하고 나서 다시 또 재삼 점검을 거친 뒤에 결행하여야 한다.

가포외구반다왕
可怖畏鳩槃荼王은 得開示一切衆生安隱無
외도해탈문
畏道解脫門하니라

가포외可怖畏 구반다왕은 모든 중생에게 편안하여 두려움이 없는 길을 열어 보이는 해탈문을 얻었습니다.

보시에는 법시法施와 재시財施와 무외시無畏施가 있다. 무외시를 좀 더 명확하게 표현하면 여기에서 말하는 안은무외도安隱無畏道라고 하는 것이 훌륭한 표현이라고 할 수 있다. 그 이름도 가포외可怖畏 구반다왕이다.

묘 장 엄 구 반 다 왕 　 득 소 갈 일 체 중 생 애 욕 해
妙莊嚴鳩槃茶王은 **得消竭一切衆生愛欲海**

해 탈 문
解脫門하니라

묘장엄妙莊嚴 구반다왕은 모든 중생의 애욕의 바다를 다 소멸하는 해탈문을 얻었습니다.

애욕과 갈애는 사람의 번뇌 중에서 가장 무서운 번뇌다. 참으로 애욕의 바다라 할 만하다. 세상의 온갖 범죄 중에서 갈애로 인한 범죄가 가장 무섭다. 매스컴에 갈애로 인한 범죄 소식이 매일같이 끊임없이 올라오고 있다. 만약 갈애의 바다를 다 말려 버린다면 세상의 범죄가 반 이상 줄어들 것이다.

고 봉 혜 구 반 다 왕 　 득 보 현 제 취 광 명 운 해 탈
高峰慧鳩槃茶王은 **得普現諸趣光明雲解脫**

문
門하니라

고봉혜高峰慧 구반다왕은 여러 갈래에 광명구름을 널리 나타내는 해탈문을 얻었습니다.

화엄경에는 여러 갈래라고 하는 제취諸趣라는 말이 많이 등장한다. 제취는 곧 육취六趣다. 지옥 · 아귀 · 축생 · 인도 · 천도 · 아수라를 일컫는다. 인간의 삶의 형태를 크게 여섯 가지로 표현하였다. 사람의 얼굴을 하였으나 그가 사는 모습에 따라 여섯 가지로 분류된다. 아귀 같은 인간, 축생 같은 인간, 아수라 같은 인간들이 얼마나 많던가.

용건비구반다왕   득보방광명   멸여산중
勇健臂鳩槃茶王은 **得普放光明**하야 **滅如山重**
장해탈문
障解脫門하니라

용건비勇健臂 구반다왕은 널리 광명을 놓아서 산과 같이 무거운 업장을 소멸하는 해탈문을 얻었습니다.

인간이 세세생생 살아오면서 저지른 업장은 그야말로 태

산과 같다. 태산과 같이 무겁고 두꺼운 업장을 소멸하는 것은 오로지 밝은 지혜뿐이다. 몸을 다스려 업장을 소멸하기보다는 마음을 지혜롭게 써서 소멸하는 것이 바른 길이다. 그래서 옛 선사께서는 "소를 때려야 옳은가? 수레를 때려야 옳은가?"[2]라고 묻지 않았는가.

무변정화안구반다왕
無邊淨華眼鳩槃荼王은 **得開示不退轉大悲**
장해탈문
藏解脫門하니라

무변정화안無邊淨華眼 구반다왕은 불퇴전의 큰 자비의 창고를 열어 보이는 해탈문을 얻었습니다.

한순간 자비심을 일으키기는 쉽다. 그러나 세세생생 변함없이 자비심을 일으키기는 대단히 어렵다. 불퇴전의 큰 자비의 창고를 열어 보인다는 말은 실로 큰 감동이다.

---

2) 打牛卽是 打車卽是.

^{광 대 면 구 반 다 왕} ^{득 보 현 제 취 유 전 신 해 탈}
廣大面鳩槃茶王은 **得普現諸趣流轉身解脫**

^문
門하니라

광대면廣大面 구반다왕은 여러 갈래에 유전하는 몸을 널리 나타내는 해탈문을 얻었습니다.

보살은 언제나 법당에 모셔진 것처럼 아름다운 모습만을 하고 있는 것이 아니다. 때로는 중생들을 교화하기 위한 방편으로서 지옥에도 가고, 아귀도 되고, 축생도 되고, 인도에도 환생하고, 천도에도 태어나고, 아수라가 되기도 하면서 여러 갈래에 유전하는 몸을 널리 나타내 보인다.

2) 게송

^{이 시}   ^{증 장 구 반 다 왕}   ^{승 불 위 력}   ^{보 관 일}
爾時에 **增長鳩槃茶王**이 **承佛威力**하사 **普觀一**

^{체 구 반 다 중}   ^{이 설 송 언}
切鳩槃茶衆하고 **而說頌言**하사대

그때에 증장增長 구반다왕이 부처님의 위신력을 받들어 모든 구반다 대중들을 두루 살피고 게송으로 말하였습니다.

성취인력세도사
成就忍力世導師어

위물수행무량겁
爲物修行無量劫하사

영리세간교만혹
永離世間憍慢惑일새

시고기신최엄정
是故其身最嚴淨이로다

참는 힘을 성취하신 세간의 도사시여
중생을 위해서 한량없는 겁 동안 수행하사
세간의 교만과 미혹을 길이 떠나시니
그러므로 그 몸이 가장 엄숙하고 깨끗하시네.

참는 힘을 성취한다는 것은 그 어떤 힘을 성취한 것보다 위대한 힘이 된다. 세존은 실로 참는 힘을 크게 성취하신 분이다. 일생을 통해서 얼마나 많은 인내가 필요했던 분이던가. 세존이 참는다고 표현하지만 보통 사람들이 애를 써 가면서 인내하는 것과는 전혀 다르다. 나와 남에 대한 차별심이 아예 없는 분이기에 참아도 참는 것이 아니다. 궁극에 나라는 존재에 대한 생각마저 텅 비어 없는 경지이기에 실은 참을 것도 없는 상태이다.

불 석 보 수 제 행 해　　　　교 화 시 방 무 량 중
佛昔普修諸行海하사　　敎化十方無量衆하사대
종 종 방 편 이 군 생　　　　차 해 탈 문 용 주 득
種種方便利群生하시니　此解脫門龍主得이로다

부처님은 옛적에 모든 수행을 널리 닦으사
시방의 한량없는 중생들을 교화하시고
갖가지 방편으로 중생을 이롭게 하시니
이 해탈문은 용주 구반다왕이 얻었네.

부처님이 옛적에 여러 가지 수행을 하시고, 또 한량없는 중생들을 교화하시어 무수한 중생들을 이익하게 하신 뜻을 밝힌 내용이다.

불이대지구중생	막불명료지기심
佛以大智救衆生하사대	**莫不明了知其心**하사
종종자재이조복	엄당견차생환희
種種自在而調伏하시니	**嚴幢見此生歡喜**로다

부처님이 큰 지혜로 중생들을 구제하시되

그들의 마음을 명료하게 다 아시고

갖가지로 자재하게 조복하시니

장엄당 구반다왕이 이것을 보고 환희심을 내도다.

사람들을 가르치고 교화하는 데 그들의 마음을 명료하게 다 알 수 있다면 참으로 교화의 효과가 클 것이다. 사람 사람에게 적절한 법을 설하고 방편을 강구하여 조복한다면 실로 참선지식이리라.

신통응현여광영	법륜진실동허공
神通應現如光影이요	**法輪眞實同虛空**이어
여시처세무앙겁	차요익왕지소증
如是處世無央劫하시니	**此饒益王之所證**이로다

신통을 나타내는 것은 그림자 같고
  법륜의 진실함은 허공 같음이여
  이와 같이 세상에 있기를 한량없는 겁 동안 하시니
  이것은 요익행 구반다왕의 증득한 바로다.

  신통은 보통 사람들의 삶이다. 보통 사람들의 삶은 그대로 신통이다. 그 모두가 유위법有爲法인 까닭에 그림자 같다. "일체 유위의 법이란 꿈과 같고 환영과 같고 거품과 같고 그림자와 같고 이슬과 같고 번갯불과 같다."라고 하지 않았던가. 더구나 법의 진실성은 허공과 같다. 그렇다면 유위법도 무위법도 그림자와 같고 허공과 같다.

중생 치 예 상 몽 혹
衆生癡翳常蒙惑이어늘

불 광 조 현 안 은 도
佛光照現安隱道하사

위 작 구 호 영 제 고
爲作救護令除苦하시니

가 외 능 관 차 법 문
可畏能觀此法門이로다

  중생이 어리석어 항상 미혹에 가려 있거늘
  부처님이 광명을 비춰 편안한 길을 나타내사

구제하고 보호하여 고통을 제거하시니
가포외 구반다왕이 이 법문을 관찰하였네.

중생이 어리석어 항상 미혹에 가려 있는데 부처님이 진리의 가르침이라는 지혜의 광명을 비춰서 편안한 길을 나타내 보이신다. 그래서 일체 고통을 다 제거하게 하신다. 그러므로 중생들이 진리의 가르침이라는 지혜의 광명을 받아들이지 아니하면 만년을 불교를 믿어도 그는 불교와는 거리가 멀다.

욕해표륜구중고
欲海漂淪具衆苦어늘

지광보조멸무여
智光普照滅無餘하사

기제고이위설법
旣除苦已爲說法하시니

차묘장엄지소오
此妙莊嚴之所悟로다

애욕의 바다에 빠져서 온갖 고통을 받거늘
지혜의 광명으로 널리 비추어 남김없이 소멸하사
이미 고통을 없애고 나서 법을 설하시니
이것은 묘장엄 구반다왕이 깨달은 바로다.

중생들이 고통을 겪는 것은 대개가 애착 때문이다. 사람에게 애착하고, 명예에 애착하고, 재산에 애착하고, 자존심에 애착하는 등등 모두가 애착뿐이다. 생명을 걸고 애착하는 것을 지혜의 빛으로 비춰 보면 모두 허망하기 이를 데 없는 것들이다. 모두가 허망한 줄 깨달으면 그 순간 해탈이다. 달리 무슨 고통이 있겠는가.

불 신 보 응 무 불 견   종 종 방 편 화 군 생
佛身普應無不見하사   **種種方便化群生**이여
음 여 뇌 진 우 법 우   여 시 법 문 고 혜 입
音如雷震雨法雨하시니   **如是法門高慧入**이로다

부처님의 몸은 널리 응하여 못 보는 이가 없어
갖가지 방편으로 중생들을 교화하도다.
우레와 같은 음성으로 법의 비를 쏟으시니
이러한 법문은 고봉혜 구반다왕이 들어갔도다.

부처님의 몸은 곳곳에 다 나타나시어 누구나 다 본다. 그리고 가지가지 방편으로 중생들을 교화하신다. 교화의 주

된 방법은 설법이다. 부처님의 설법을 "우레와 같은 음성으로 법의 비를 쏟는다."라고 표현하였다. 우법우雨法雨라는 말은 뜨거운 여름, 장마철에 폭우가 쏟아지는 것과 같다는 뜻이다. 폭우를 맞은 초목들은 얼마나 시원하겠으며, 무럭무럭 자라나서 꽃을 피우고 열매를 맺는 데 얼마나 도움이 되겠는가. 부처님의 설법을 우법우雨法雨라고 표현한 글을 읽을 때마다 법의 비에 가슴이 넉넉하게 푹 젖어 드는 느낌을 받는다.

청정광명부당발
清淨光明不唐發이여
약 우 필 영 소 중 장
若遇必令消重障하야

연불공덕무유변
演佛功德無有邊하시니
용 비 능 명 차 심 리
勇臂能明此深理로다

청정한 광명 헛되게 비추지 않음이여
만나기만 하면 반드시 무거운 업장을 소멸하고
부처님의 공덕을 끝없이 연설하시니
용건비 구반다왕이 이 깊은 이치를 잘 밝혔도다.

부처님의 청정한 광명이란 무엇일까. 깨달음에 의한 지혜의 가르침이다. 그 가르침은 삶의 바른 이치를 일깨워 주기 때문에 그동안 지은 모든 죄업을 소멸하게 한다. 그리고 더 이상은 죄업을 짓지 않게 한다. 또한 사람 부처님의 긍정적이고 훌륭한 면과 끝없이 뛰어난 공덕들을 설법하신다.

위 욕 안 락 제 중 생
爲欲安樂諸衆生하야
수 습 대 비 무 량 겁
修習大悲無量劫하사

종 종 방 편 제 중 고
種種方便除衆苦하시니
여 시 정 화 지 소 견
如是淨華之所見이로다

모든 중생들을 안락하게 하려고
한량없는 겁 동안 큰 자비를 닦으사
갖가지 방편으로 온갖 고통을 제거하시니
이것은 무변정화안 구반다왕이 보았네.

불교는 자나 깨나, 가나 오나 오로지 중생들의 안락을 위해 노력해야 한다. 갖가지 방편을 다 동원해서 중생들의 고통을 제거하고 중생들이 안락할 수 있도록 자비심을 베풀어야 한다. 이것이 불교다.

신통 자재 부사 의   기 신 보 현 변 시 방
神通自在不思議어   **其身普現徧十方**하사대

이 어 일 체 무 래 거   차 광 면 왕 심 소 요
而於一切無來去하시니   **此廣面王心所了**로다

신통의 자재함이 부사의함이여
그 몸을 널리 나타내어 시방에 두루 하나
모든 곳에 가고 옴이 없으시니
이것은 광대면 구반다왕이 마음에 깨달은 바로다.

신통이 자재해서 그 몸이 시방에 두루 해도 시방세계 그 어느 곳도 오고 감이 없다. 새벽에 잠에서 깨어 온종일 무수한 사량 분별을 하고 시방세계를 다 돌아다녔어도 실로 오고 감이 전혀 없는 도리이다. 경전에 "한 생각에 무량한 겁을 널리 살펴보니 감도 없고 옴도 없고 머무름도 없어라. 이와 같이 과거 현재 미래의 일을 깨달아 안다면 모든 방편을 초월하고 부처를 이루리라."[3]라고 하였다.

15. 용왕 대중들의 득법과 게송

1) 득법

부차비루박차용왕   득소멸일체제용취치
復次毘樓博叉龍王은 **得消滅一切諸龍趣熾**

연고해탈문
然苦解脫門하니라

다시 또 비루박차毘樓博叉 용왕은 모든 용들의 치성한 고통을 소멸해 버리는 해탈문을 얻었습니다.

용은 상상의 동물로 기린·봉황·거북과 함께 4대 영물 중 하나이다. 동서양 모두 뱀을 원형으로 하여 다른 동물을 혼합시킨 모습이다. 용왕은 용신, 용왕 할머니, 수신이라고도 하며, 특히 비를 내리게 한다고 하여 예로부터 민간신앙으로 자리 잡았다. 음력 6월 15일에 지내는 용신제나 용왕굿은 대표적인 민간신앙이다. 불교에 수용되면서 법을 수호하는 천룡팔부天龍八部의 하나가 되었다. 불교 경전에 등장하

---

3) 一念普觀無量劫 無去無來亦無住 如是了知三世事 超諸方便得十力.

는 용은 선악 양면을 보여 준다. 선용은 모두 팔용으로 난타, 발난타, 사가라, 화수길, 덕차가, 아나바달다, 마나사, 우발라이다. 이들은 불법을 수호하고 비를 내리게 하여 풍년을 이루게 해 준다고 한다. 특히 바다용왕인 사가라는 기우祈雨의 본존本尊이다. 난타와 발난타는 석가가 강탄降誕할 때 청정수를 토하여 부처님의 몸을 씻었다고 하는 선용이다.

청량스님이 "용왕 대중에는 게송과 범어본을 기준하여 보면 모두가 11인데 장항長行에서 다섯 번째가 탈락하여 다만 10법만 되어 있다."[4]고 하였다.

사 갈 라 용 왕 득 일 념 중   전 자 용 형   시 현
娑竭羅龍王은 **得一念中**에 **轉自龍形**하야 **示現**

무 량 중 생 신 해 탈 문
無量衆生身解脫門하니라

사갈라娑竭羅 용왕은 한 생각 사이에 스스로 용의 형상을 바꿔서 한량없는 중생들의 몸을 나타내는 해탈문

---

4) 龍王衆 : 準偈及梵本皆有十一. 長行脫第五. 但有十法.

을 얻었습니다.

용왕은 신통변화가 뛰어나다. 비도 내리게 하지만 자신의 형상을 바꿔서 한량없는 중생의 모습을 나타내기도 한다. 용왕도 결국은 우리들 사람의 한 마음의 작용을 대변하는 것이 아닌가 한다.

운음당용왕 득어일체제유취중 이청정
雲音幢龍王은 得於一切諸有趣中에 以淸淨
음 설불무변명호해해탈문
音으로 說佛無邊名號海解脫門하니라

운음당雲音幢 용왕은 모든 중생들의 갈래에서 청정한 음성으로 부처님의 그지없는 명호를 설하는 해탈문을 얻었습니다.

모든 중생들의 갈래란 제유취諸有趣, 제유諸有 또는 제취諸趣라고 하는데 기본은 6취를 뜻하며 이는 지옥과 아귀와 축생과 인도와 천도와 아수라다. 이 모든 중생들의 갈래에서 청정한 음성으로 부처님의 명호를 설하여 듣게 한다. 지옥같이 살고 아귀같이 살고 축생같이 사는 사람들은 불교가 이렇게 일반화되어 있어도 부처님의 명호 하나도 알지 못한다.

성철스님의 법문에 이런 이야기가 있다. 1947년경 봉암사에서 결사를 하고 살 때 청담스님이 볼일이 있어 밖에 나갔다가 들어오면서 빨리 대중들을 모으라 하여 대중들이 모이니 하시는 말씀이 "오늘 신기한 것을 보았다. 내가 한 시내를 지나오는데 거지가 구걸하기에 불쌍하여 돈 5원(당시로서는 큰돈이다.)을 손에 들고 '나무아미타불'을 한 번만 부르면 이 돈을 주겠다고 하였으나 그 거지는 '내가 어떻게 그것을 부르느냐.'고 하면서 끝내 부르지 못해서 돈을 주지 않고 돌아왔다."는 것이다. 부처님의 명호가 쉬운 사람에게는 지극히 쉽지만 어려운 사람에게는 이와 같이 어렵다.

염구용왕 득보현무변불세계건립차별해
焰口龍王은 **得普現無邊佛世界建立差別解**

탈문
脫門하니라

염구焰口 용왕은 그지없는 세계가 건립됨이 차별함을 널리 나타내는 해탈문을 얻었습니다.

작은 세계에서부터 큰 세계에 이르기까지 모두가 이루어진 것은 머물러 있다가 무너지기 시작하여 다시 텅 빈 공으로 돌아간다. 동시에 진행되지 않고 각각 차별하다. 이 순간 이뤄지는 것도 있고 이 순간 무너지는 것도 있다. 성주괴공이 모두 각각 차별하다.

염용왕 득일체중생 진치개전 여래자민
焰龍王은 **得一切衆生**의 **瞋癡蓋纏**을 **如來慈愍**

영제멸해탈문
하사 **令除滅解脫門**하니라

염焰 용왕은 일체 중생의 성냄과 어리석음의 번뇌를 여래가 자비로 불쌍히 여겨서 소멸하게 하는 해탈문을 얻었습니다.

인간의 탐욕과 성냄과 어리석음이라는 삼독 번뇌는 8민

4천 번뇌 중에서 근본이 된다. 모두가 여래께서 보시기에 참으로 불쌍한 일이다. 여래는 자나 깨나 삼독을 소멸해 주고자 하는 그 마음이 간절하다.

운당용왕_{雲幢龍王}은 得開示一切衆生의 大喜樂福德
海解脫門하니라

운당_{雲幢} 용왕은 모든 중생의 큰 기쁨과 즐거움의 복덕바다를 열어 보이는 해탈문을 얻었습니다.

보살은 중생들에게 기쁨과 즐거움의 복덕을 열어 보이려고 애쓴다. 사람들은 기쁨과 즐거움을 누리면서도 그것이 복덕인 줄을 아는 사람이 드물다. 가난하더라도 마음을 잘 써서 늘 기쁘고 즐겁게 산다면 그 사람은 참으로 복덕이 많은 사람이리라. 반대로 재산이 아무리 많고 벼슬이 높더라도 기쁨을 모르고 즐거움을 모른다면 불행하며 복덕이 없는 사람이다.

덕 차 가 용 왕　　득 이 청 정 구 호 음　　멸 제 일 체
德叉迦龍王은 **得以淸淨救護音**으로 **滅除一切**

포 외 해 탈 문
怖畏解脫門하니라

　덕차가德叉迦 용왕은 청정하게 구호하는 음성으로 모든 두려움을 소멸하는 해탈문을 얻었습니다.

　사바세계는 음성이 교화의 본체[音聲敎體]가 된다고 하였다. 설법을 할 때 내용이 물론 중요하지만 그 내용을 담는 그릇의 역할을 하는 말솜씨와 음성도 대단히 중요하다. 청정한 음성, 구호하려는 마음이 담뿍 담긴 음성에 감동하는 경우가 많기 때문이다. 가곡을 들을 때 내용에 감동하여 기립 박수를 치는 것이 아니다. 그 소리와 그 음성에 감동하여 기립 박수를 치는 것이다.

무 변 보 용 왕　　득 시 현 일 체 불 색 신　　급 주 겁
無邊步龍王은 **得示現一切佛色身**과 **及住劫**

차 제 해 탈 문
次第解脫門하니라

무변보無邊步 용왕은 모든 부처님의 몸과 머무는 겁의 차제를 나타내 보이는 해탈문을 얻었습니다.

모든 형상 있는 것은 변화한다. 몸은 부처님의 몸이라 하더라도 생로병사하고, 머무는 장소는 지구라 하더라도 성주괴공한다. 계절도 역시 춘하추동으로 달라져 간다. 이것이 만유의 존재 원리이고 규칙이다.

청 정 색 속 질 용 왕 득 출 생 일 체 중 생 대 애
淸淨色速疾龍王은 **得出生一切衆生**의 **大愛**
락 환 희 해 해 탈 문
樂歡喜海解脫門하니라

청정색속질淸淨色速疾 용왕은 일체 중생의 큰 애착과 즐거움과 환희의 바다를 내는 해탈문을 얻었습니다.

중생이 진정으로 애착하고 즐거워하고 환희해야 할 곳은

어디일까. 부처님 정법의 바다다. 정법으로 사람들을 애착하게 하고 즐거워하게 하고 환희하게 하는 것은 보살의 나아갈 길이다.

_{보 행 대 음 용 왕}　　　_{득 시 현 일 체 평 등 열 의 무 애}
普行大音龍王은 **得示現一切平等悅意無礙**
_{음 해 탈 문}
音解脫門하니라

보행대음普行大音 용왕은 일체가 평등하고 기쁘고 걸림 없는 음성을 나타내 보이는 해탈문을 얻었습니다.

세상사를 모두 긍정적으로 보면 서로서로 평등하다. 얼른 보기에 자신보다 좀 더 잘 사는 듯하지만 내면을 들여다보면 모두 평등하다. 부러울 것도 없고 시기하고 질투할 것도 없다. 내가 사는 것도 기쁘고 즐거운 일이다. 그래서 차별에 걸리지 않는다.

무열뇌용왕　득이대비보부운　　멸일체세
無熱惱龍王은 **得以大悲普覆雲**으로 **滅一切世**

간고해탈문
間苦解脫門하니라

　무열뇌無熱惱 용왕은 큰 자비로써 구름같이 널리 덮어 모든 세간의 고통을 소멸하는 해탈문을 얻었습니다.

　세상을 아름답게 하고 세상을 편안하고 살기 좋은 곳으로 만드는 길은 오직 하나뿐이다. 큰 구름이 일어나 대지를 덮듯이 대자대비의 구름으로 온 세상을 다 덮어 일체 사람들 모두가 자비를 실천하는 방법뿐이다.

2) 게송

이시　비루박차용왕　　승불위력　　　보관일
爾時에 **毘樓博叉龍王**이 **承佛威力**하사 **普觀一**

체제용중이　　이설송언
切諸龍衆已하고 **而說頌言**하사대

　그때에 비루박차毘樓博叉 용왕이 부처님의 위신력을 받

들어 일체 모든 용 대중들을 두루 살피고 나서 게송으로 말하였습니다.

여관여래법상이
汝觀如來法常爾하라
일체중생함이익
一切衆生咸利益하사
능이대자애민력
能以大慈哀愍力으로
발피외도륜추자
拔彼畏塗淪墜者로다

그대는 여래의 법이 항상 그러함을 관찰하라.
일체 중생들을 다 이익하게 하사
능히 큰 자비로 불쌍히 여기는 힘으로
저 두렵고 험난한 곳에 빠진 이를 건지시네.

여래의 법이란 항상 같은 것이다. 오로지 일체 중생들을 이익하고 행복하게 하려는 것뿐이다. 큰 사랑의 힘과 애민하게 여기는 힘으로 두렵고 험난한 곳에 빠진 이들을 모두 건지는 일뿐이다.

일 체 중 생 종 종 별　　　　어 일 모 단 개 시 현
一切衆生種種別을　　　**於一毛端皆示現**하사

신 통 변 화 만 세 간　　　　사 갈 여 시 관 어 불
神通變化滿世間하시니　**娑竭如是觀於佛**이로다

일체 중생들이 가지가지로 다른 것을

한 터럭 끝에 다 나타내 보이사

신통변화가 세간에 가득하시니

사갈라 용왕이 이와 같이 부처님을 보았네.

  일체 중생들은 참으로 가지가지가 다 다르다. 항상 경험하면서 또 다시 잊어버리는 점이다. 생각이 다르고 모양이 다르고 관점이 다르고 견해가 다르다. 서로가 다 다르지만 서로가 틀린 것은 아니다. 틀린 것이 아닌데도 사람들은 자신과 다른 것을 틀린 것이라고 오인한다. 틀린 것과 다른 것은 엄연히 구분되어야 한다. 아무리 가까운 사이라 하더라도 모든 점이 자신과 다르다고 알면 시시비비와 갈등은 사라진다.

불이신통무한력 　　　광연명호등중생
佛以神通無限力으로　　**廣演名號等衆生**하사

수기소락보사문 　　　여시운음능오해
隨其所樂普使聞케하시니 **如是雲音能悟解**로다

부처님이 신통의 무한한 힘으로

명호를 널리 연설하여 중생과 같게 하사

그들이 즐겨 하는 대로 널리 듣게 하시니

이러한 것은 운음당 용왕이 깨달았네.

경전에는 1천불 명호경, 3천불 명호경, 1만불 명호경 등 부처님의 명호를 기록한 경전이 있다. 하지만 어찌 1만불 명호뿐이겠는가. 무수한 중생들의 숫자와 꼭 같은 숫자의 부처님 명호가 있다. 그것은 곧 중생 그대로가 부처님이라는 뜻으로 해석해도 틀리지 않다는 뜻이다. 화엄경이 널리 주장하는 기치는 "마음과 부처님과 중생, 이 셋은 차별이 없다."라는 것이다.

무량무변국토중	불능영입일모공
無量無邊國土衆을	**佛能令入一毛孔**하고
여래안좌피회중	차염구용지소견
如來安坐彼會中하시니	**此焰口龍之所見**이로다

한량없고 그지없는 국토의 중생들을

부처님이 한 모공毛孔에 들어가게 하시고

여래가 저 회중會衆에 편히 앉으시니

이것은 염구 용왕이 보았도다.

    법성게에 "한 먼지 속에 시방세계가 포함되어 있고, 일체의 먼지 속에도 또한 그와 같다."라고 하였다. 모든 존재의 존재 원리를 화엄경의 안목으로 보면 아무리 작은 먼지라 하더라도 그 먼지 속에는 크고 큰 시방세계가 다 들어 있다고 보는 것이다. 일체 법계는 서로서로 연관관계를 맺고 존재하기 때문이다. 이러한 이치는 화엄경의 또 한 가지 종지로서 사사무애事事無礙를 들고 있는 점이다.

    다르지만 비슷한 사례로 난초를 재배하는 원리로 난초 잎 하나를 갈아서 분말을 만들어 그 분말의 세포조직으로 수만 포기의 난초를 재배하는 것과 비슷하다 하겠다. 동물

해 탈 문
解脫門하니라

　자재음自在音 야차왕은 중생을 널리 관찰해서 방편으로 구호하는 해탈문을 얻었습니다.

　역시 야차왕이기 때문에 중생들을 널리 관찰해서 반드시 악으로 구호할 중생이라면 방편으로 악행을 사용하여 구호한다.

　엄 지 기 장 야 차 왕　　득 능 자 익 일 체 심 리 악 중
嚴持器仗夜叉王은 **得能資益一切甚羸惡衆**
생 해 탈 문
生解脫門하니라

　엄지기장嚴持器仗 야차왕은 심히 여위고 추악한 일체의 중생들을 돕고 이익하게 하는 해탈문을 얻었습니다.

　야차왕은 필요한 악을 행하는 역할을 맡은 신중이기 때문에 모든 여위고 추악한 중생들을 돕고 이익하게 한다.

을 복제하고, 나아가서 사람을 복제하는 원리도 또한 그와 같다. 이 모든 것은 눈에 보이지도 않는 작은 세포 속에 난초나 동물이나 사람의 모든 정보가 다 들어 있기 때문에 가능하다. 이것은 2013년경의 기술이지만 앞으로는 난초의 세포 속에서 사람도 찾아낼 것이고, 또한 사람의 세포 속에서 동식물이나 광물까지도 찾아낼 것이다. 본래 그렇게 함께 존재하기 때문에 가능한 일이다.

일 체 중 생 진 에 심
一切衆生瞋恚心과

전 개 우 치 심 약 해
纏蓋愚癡深若海어늘

여 래 자 민 개 제 멸
如來慈愍皆除滅하시니

염 용 관 차 능 명 견
焰龍觀此能明見이로다

모든 중생들의 성내는 마음과
얽히고 뒤덮이고 어리석음이 바다같이 깊거늘
여래가 자비로 불쌍히 여겨 다 소멸하시니
염 용왕이 이것을 관찰하여 밝게 보았도다.

불보살들이 중생을 불쌍히 여기는 점이 여러 가지가 있지만 성내는 마음과 얽힘[纏]과 뒤덮음[蓋]과 어리석음이다. 성내는 마음과 어리석음은 탐욕과 함께 삼독에서 흔히 설명된다.

얽힘[纏]은 역시 번뇌이지만 특징이 있다. 전면纏綿, 전박纏縛이라고도 하는데 열 가지가 있다. 마음속 숨어 있는 악의 영향이 그 세력을 드러내어 그것이 사람의 몸과 마음을 묶어 자유롭게 하지 못하는 것들이다.

근본 번뇌에 부수적으로 일어나는 열 가지 번뇌로서, ① 무참無慚: 자신의 죄나 허물에 대해 스스로 부끄러움이 없음 ② 무괴無愧: 죄를 저지르고도 남에 대하여 부끄러움이 없음 ③ 질嫉: 남을 질투하고 시기함 ④ 간慳: 인색함, 남에게 베풀지 않음 ⑤ 회悔: 후회함 ⑥ 수면睡眠: 마음이 어둡고 자유롭지 못함 ⑦ 도거掉擧: 마음이 들뜨고 혼란스러움 ⑧ 혼침惛沈: 마음이 혼미하고 침울함 ⑨ 분忿: 자신의 마음에 맞지 않는 대상에 대해 성냄 ⑩ 부覆: 자신의 이익과 명예의 상실을 두려워하여 자신이 저지른 죄를 감춤이다.

뒤덮음[蓋]은 지혜와 청정한 마음을 덮는 다섯 가지 번뇌를 일컫는다. ① 탐욕개貪欲蓋: 끝없이 탐하는 번뇌 ② 진에개瞋恚蓋: 성내는 번뇌, 화내는 번뇌, 증오하는 번뇌 ③ 수면

개睡眠蓋: 마음을 어둡게 하고 자유롭지 못하게 하는 번뇌 ④ 도회개掉悔蓋: 들뜨거나 한탄하는 번뇌 ⑤ 의개疑蓋: 부처님의 가르침을 의심하는 번뇌이다.

이와 같은 번뇌들이 깊고 넓기가 마치 바다와 같다. 본래로 존재하는 것은 아니지만 인연을 따라 드넓은 하늘에 구름이 일듯이 일어난 것들이다.

일 체 중 생 복 덕 력
一切衆生福德力을

불 모 공 중 개 현 현
佛毛孔中皆顯現하사

현 이 영 귀 대 복 해
現已令歸大福海하시니

차 고 운 당 지 소 관
此高雲幢之所觀이로다

일체 중생의 복덕의 힘을
부처님이 모공毛孔 속에 다 나타내사
나타낸 뒤에 큰 복덕의 바다에 돌아가게 하시니
이것은 고운당 용왕이 본 바로다.

중생들은 스스로 복덕이 없다고 생각하여 매일같이 불상 앞에 와서 빌고 또 빈다. 실은 중생 그대로가 부처님인 까닭에 그가 지닌 복덕은 무량무변하다. 무엇이 그리 무량무변한가. 지금 이 순간 이렇게 보고 듣고 알고 느끼고 즐기고 수용하는 이것이 모두 복덕의 바다다. 무엇이 부족한가. 밖을 향하던 눈을 돌려 자신을 보라. 지금 누리고 있는 것을 하나하나 잘 살펴보라.

불신모공발지광 　　　　기광처처연묘음
佛身毛孔發智光하사　　**其光處處演妙音**하시니

중생문자제우외 　　　　덕차가용오사도
衆生聞者除憂畏라　　**德叉迦龍悟斯道**로다

부처님 몸의 모공毛孔에서 지혜의 광명을 내사
그 광명이 곳곳에서 미묘한 소리를 내시니
중생들이 듣고는 근심과 두려움을 없앰이라.
덕차가 용왕이 이 도를 깨달았네.

산천초목 두두물물이 모두 부처님의 몸이다. 그 두두물물에서 낱낱이 지혜의 광명을 발하고 있다. 낱낱이 무한 진리의 법음을 설하고 있다. 그와 같은 진리의 법음을 잘 들으면 일체 근심과 걱정과 두려움이 사라지리라.

삼 세 일 체 제 여 래
三世一切諸如來와

국 토 장 엄 겁 차 제
國土莊嚴劫次第를

여 시 개 어 불 신 현
如是皆於佛身現하시니

광 보 견 차 신 통 력
廣步見此神通力이로다

삼세 일체 모든 여래와
국토의 장엄과 겁의 차제를
모두 부처님의 몸에 다 나타내시니
무변보 용왕이 이 신통의 힘을 보았네.

한 먼지 속에 시방세계를 포함하고 있다는 것이 화엄경의 안목이다. 하물며 부처님의 몸에서 삼세 일체 여래와 국토의 장엄과 겁의 차제를 나타내는 것은 당연한 이치다.

아 관 여 래 왕 석 행
我觀如來往昔行에

공 양 일 체 제 불 해
供養一切諸佛海하고

어 피 함 증 희 락 심　　　　차 속 질 용 지 소 입
於彼咸增喜樂心하시니　**此速疾龍之所入**이로다

내가 보니 여래의 지난 옛적 수행이
일체 모든 부처님께 공양하시고
그 자리에서 모두 기쁘고 즐거운 마음을 증장하시니
이것은 청정색속질 용왕이 들어갔도다.

　세상에는 너도 나도 수행을 입에 담는다. 그러나 진정으로 바람직한 수행은 무엇일까. 수행이란 다른 것이 아니다. 모든 사람 모든 생명을 부처님으로 받들어 섬기고 공양 공경하며 찬탄 예배하는 일이다. 이보다 더 훌륭한 수행은 없다. 인불사상과 만유개불사상이 화엄경의 사상이다. 이 사상은 인류를 건지는 가장 이상적인 사상이며 불교 최후의 사상이기 때문에 이 사상에 근거한 수행이 가장 이상적인 수행이다.

불 이 방 편 수 류 음　　　　위 중 설 법 령 환 희
佛以方便隨類音으로　**爲衆說法令歡喜**하시니

其音淸雅衆所悅이라　普行聞此心欣悟로다
기음청아중소열　　　　보행문차심흔오

부처님이 방편으로 부류를 따라 내시는 음성
중생들을 위해 법을 설해 환희케 하시니
그 소리 청아해서 중생들이 기뻐함이라.
보행대음 용왕이 이것을 듣고 마음에 기뻐해 깨달았네.

설법은 듣는 사람의 근기와 수준에 알맞은 내용으로 해야 한다. 근기도 안 되고 수준도 안 되는데 "방"이나 "할"을 휘날려서는 서로 시간만 손해를 보는 일이다. 설법을 듣고는 감동과 환희가 있고 신심이 우러나야 서로에게 소득이 있다. 내용이 훌륭하고 그 음성이 청아해서 음성을 듣는 것만으로도 환희심이 솟구치고 감동이 일어나면 그 설법은 실로 금상첨화이리라.

衆生逼迫諸有中하야　業惑漂轉無人救어늘
중생핍박제유중　　　　업혹표전무인구

불이대비영해탈　　무열대용능오차
佛以大悲令解脫하시니　**無熱大龍能悟此**로다

중생들이 세상[諸有中]에서 핍박을 받아

업장과 미혹에 표류하여 구제할 이 없거늘

부처님이 큰 자비로 해탈케 하시니

무열뇌 용왕이 능히 이것을 깨달았네.

부처님이 이 세상에 오신 것은 고통받는 중생들을 구제하기 위함이다. 부처님 오신 날에 으레 하는 법문이 있다. "천상천하天上天下 유아독존唯我獨尊 삼계개고三界皆苦 아당안지我當安之, 나는 천상천하에 유아독존이다. 삼계가 모두 고통에 빠져 있으니 내가 마땅히 편안케 하리라."라는 것이다.

16. 야차왕 대중들의 득법과 게송

1) 득법

부차비사문야차왕 득이무변방편 구호
復次毘沙門夜叉王은 **得以無邊方便**으로 **救護**
악중생해탈문
惡衆生解脫門하니라

다시 또 비사문毘沙門 야차왕은 끝없는 방편으로 악한 중생을 구호하는 해탈문을 얻었습니다.

야차夜叉는 팔부의 하나다. 사람을 괴롭히거나 해친다는 사나운 귀신이다. 화엄성중에서는 불법을 수호하는 선한 귀신이다. "끝없는 방편으로 악한 중생을 구호하는 귀신"이기에 악한 중생에게는 방편을 써서 악으로써 제도하는 역할을 하고 있다.

자재음야차왕 득보관찰중생 방편구호
自在音夜叉王은 **得普觀察衆生**하야 **方便救護**

大智慧夜叉王은 得稱揚一切聖功德海解脫門하니라

대지혜大智慧 야차왕은 모든 성인의 공덕바다를 일컫고 드날리는 해탈문을 얻었습니다.

큰 지혜의 야차왕이다. 야차도 궁극에 가서는 일체 성인의 공덕 바다를 드날리는 역할을 한다. 이것이 화엄성중이다.

焰眼主夜叉王은 得普觀察一切衆生大悲智解脫門하니라

염안주焰眼主 야차왕은 일체 중생을 널리 관찰하는 큰 자비와 지혜의 해탈문을 얻었습니다.

눈에서 불을 뿜는 야차왕이다. 그 불길은 일체 중생을 널리 관찰하는 자비와 지혜의 불꽃이다.

금강안야차왕　득종종방편　　이익안락일
金剛眼夜叉王은 **得種種方便**으로 **利益安樂一**

체 중 생 해 탈 문
切衆生解脫門하니라

　금강안金剛眼 야차왕은 갖가지 방편으로 모든 중생을 이익하게 하고 안락하게 하는 해탈문을 얻었습니다.

　다이아몬드처럼 번쩍번쩍 빛나는 눈을 가진 야차왕이다. 화엄성중들은 그 역할이 무엇이든 갖가지 방편을 사용하여 일체 중생들을 이익하게 하고 안락하게 한다. 그것이 자신들의 의무다.

용 건 비 야 차 왕　득 보 입 일 체 제 법 의 해 탈 문
勇健臂夜叉王은 **得普入一切諸法義解脫門**하니라

　용건비勇健臂 야차왕은 일체 모든 법의 뜻에 널리 들어가는 해탈문을 얻었습니다.

　용맹스럽고 건장한 팔을 가진 야차왕이다. 야차왕도 모든

법의 의미가 무엇인지를 깊이 이해하는 수행을 한다.

　　　　勇敵大軍夜叉王은 得守護一切衆生하야 令住
於道하야 無空過者解脫門하니라

　용적대군勇敵大軍 야차왕은 모든 중생을 수호하여 도에 안주하게 해서 헛되게 지나는 이가 없게 하는 해탈문을 얻었습니다.

　일체 중생들을 잘 지키고 보호하여 불도에 머물게 해서 금생에 불법을 만나서 헛되게 지나쳐 버리는 사람이 없도록 낱낱이 보살핀다.

　　　　富財夜叉王은 得增長一切衆生福德聚하야 令
恒受快樂解脫門하니라

부재富財 야차왕은 모든 중생의 복덕의 무더기를 증장해서 항상 쾌락을 받게 하는 해탈문을 얻었습니다.

이름이 부자 부富, 재물 재財, 부재라는 야차왕이다. 그래서 복덕이 많은 것이다. 세상살이에 이름은 이름뿐일 수도 있지만 이처럼 매우 중요하게 이름값을 하는 경우도 대단히 많다. 중생들에게 복덕의 무더기를 알게 하고 또 그것을 증장시켜서 항상 쾌락을 누리도록 하는 야차왕이다. 누가 야차왕을 사람을 괴롭히거나 해치는 사나운 귀신이라고 했던가.

역 괴 고 산 야 차 왕　　득 수 순 억 념　　출 생 불 력
力壞高山夜叉王은 **得隨順憶念**하야 **出生佛力**
지 광 명 해 탈 문
智光明解脫門하니라

역괴고산力壞高山 야차왕은 생각을 따라서 부처님의 힘과 지혜의 광명을 내는 해탈문을 얻었습니다.

힘으로 높은 산을 무너뜨린다는 야차왕이다. 그러나 부

처님의 힘과 지혜의 광명을 기억하고 있다가 때에 맞춰서 부처님의 힘과 지혜의 광명을 밖으로 나타내 보이는 야차왕이다.

2) 게송

爾時_에 多聞大夜叉王_이 承佛威力_{하사} 普觀一切夜叉衆會_{하고} 而說頌言_{하사대}

그때에 다문대_{多聞大} 야차왕이 부처님의 위신력을 받들어 모든 야차 대중들의 모임을 두루 살피고 나서 게송으로 말하였습니다.

衆生罪惡甚可怖_라 於百千劫不見佛_{하야}
漂流生死受衆苦_{일새} 爲救是等佛興世_{로다}

중생의 죄악이 심히 두려움이라.
백천 겁 동안 부처님을 보지 못하여
생사에 표류하며 온갖 고통 받을 때
이들을 구하려고 부처님이 세상에 오셨네.

 부처님이 이 세상에 오신 뜻을 밝혔다. 중생들의 죄악이 그토록 깊고 두려운 것은 오랜 세월 동안 부처님의 가르침을 만나지 못한 탓이다. 생사의 고해에 표류하면서 온갖 고통을 받고 있다. 그래서 "삼계는 모두 고통의 바다다. 내가 마땅히 그들을 편안하게 해야 하리라."라고 하신 것이다.

여래구호제세간
如來救護諸世間이여

실현일체중생전
悉現一切衆生前하사

식피외도윤전고
息彼畏塗輪轉苦하시니

여시법문음왕입
如是法門音王入이로다

여래가 모든 세간을 구호함이여
모든 중생들 앞에 다 나타나시어
저 두려운 삼악도에서 윤회하는 고통을 쉬게 하시니

이러한 법문은 자재음 야차왕이 들어갔도다.

부처님은 언제나 중생 앞에 다 나타나 계신다. 중생들이 삼악도에서 윤회하는 고통을 덜어 주기 위해 늘 법을 설하신다. 그와 같은 사실을 깨달으면 고통은 곧 쉬어지리라.

중생악업위중장
衆生惡業爲重障이어늘

불시묘리영개해
佛示妙理令開解하시니

비이명등조세간
譬以明燈照世間이라

차법엄장능관견
此法嚴仗能觀見이로다

중생의 나쁜 업 무거운 장애를
부처님이 묘한 이치를 보이고 열어 알게 하시니
마치 밝은 등불로써 세간을 비추듯 함이라
이 법은 엄지기장 야차왕이 능히 보았네.

중생들의 악업과 무거운 장애를 소멸하기 위하여 부처님이 묘한 이치를 보이고 열어서 알게 하신 뜻은 무엇인가. "죄업이란 자성이 없다. 다만 마음으로부터 일어난 것일 뿐이다. 그러므로 마음이 만약 소멸하면 죄업도 또한 사라진다. 죄업이 사라지고 마음도 또한 없어져서 두 가지가 모두 공으로 돌아가면 이것이 참다운 참회라네."[5]라는 말이 있다. 이것이 묘한 이치이다.

불 석 겁 해 수 제 행
佛昔劫海修諸行에

칭 찬 시 방 일 체 불
稱讚十方一切佛이라

고 유 고 원 대 명 문
故有高遠大名聞하시니

차 지 혜 왕 지 소 요
此智慧王之所了로다

부처님이 옛 겁에 수행하심이
시방의 모든 부처님을 칭찬함이라.
그러므로 높고 큰 이름을 드날리시니
이것은 대지혜 야차왕이 알았네.

시방의 모든 부처님을 칭찬하는 것이 부처님의 옛적 수행이다. 참선도 아니고 염불도 아니고 간경도 아니고 주력도

---

5) 罪無自性從心起 心若滅時罪亦亡 罪亡心滅兩俱空 是卽名爲眞懺悔.

아니고 절도 아니고 기도도 아니고 참회도 아니다. 다만 모든 사람 모든 생명을 부처님으로 받들어 섬기며 공양 공경 찬탄 예배하는 일이 옛적 수행이었다.

지혜여공무유변 　　　　　법신광대부사의
智慧如空無有邊이요　　**法身廣大不思議**라
시고시방개출현 　　　　　염목어차능관찰
是故十方皆出現하시니 **焰目於此能觀察**이로다

지혜는 허공과 같아서 끝이 없고
법신은 광대해서 부사의함이라.
그러므로 시방에 다 출현하시니
염안주 야차왕이 여기에서 관찰했네.

무변허공과 같은 지혜로 광대하고 불가사의한 법신을 시방세계에 출현한 뜻을 밝혔다.

일체취중연묘음 　　　　　설법이익제군생
一切趣中演妙音하사　**說法利益諸群生**이여

기 성 소 기 중 고 멸　　　입 차 방 편 금 강 안
其聲所曁衆苦滅하니　**入此方便金剛眼**이로다

모든 갈래에서 묘한 소리를 내어
법을 설해서 모든 중생들을 이익하게 함이여
그 소리 이르는 데마다 온갖 고통 소멸하시니
이러한 방편에 든 이는 금강안 야차왕이로다.

불법은 장소를 가리지 않는다. 지옥이나 아귀나 축생이나 인도나 천도나 아수라나 어느 곳을 막론하고 그곳에 맞는 법을 설하신다. 뭇 중생들을 다 이익하게 하신다. 이익하게 함이란 온갖 고통을 다 소멸하는 일이다.

일 체 심 심 광 대 의　　여 래 일 구 능 연 설
一切甚深廣大義를　**如來一句能演說**이여

여 시 교 리 등 세 간　　용 건 혜 왕 지 소 오
如是敎理等世間하니　**勇健慧王之所悟**로다

모든 법의 매우 깊고 넓고 큰 뜻을
여래가 한 구절에 능히 연설함이여

이러한 교리를 세간과 같게 하시니
용건비[慧] 야차왕이 깨달은 바로다.

8만4천 대장경을 다 설해도 무상심심미묘법의 큰 뜻을 다 표현할 수 없지만 반대로 여래는 또한 한 구절에 능히 연설하신다. 한 구절에 연설하면서 또한 저 드넓은 세간과 같게 하신다.

일체중생주사도 　　　불시정도부사의
一切衆生住邪道어늘 　**佛示正道不思議**하사

보사세간성법기 　　　차용적군능오해
普使世間成法器하시니 **此勇敵軍能悟解**로다

일체 중생이 사도邪道에 머물거늘
부처님이 정도正道의 부사의함을 보이사
널리 세간에 법의 그릇을 이루게 하시니
이것은 용적대군 야챠왕이 능히 깨달았도다.

사도란 유나 무의 편견에 집착하는 것이고, 정도란 유와 무를 떠나면서 유와 무를 다 수용하는, 즉 유무에 치우치거나 집착하지 않는 것이다. 이것을 흔히 중도정견中道正見이라고 한다. 모든 세상 사람들이 다 같이 이와 같은 정도에 눈을 뜨면 세상의 시시비비와 옳고 그름의 갈등은 없어질 것이다. 세상의 시시비비와 옳고 그름의 갈등이 없어지면 그 무시무시한 전쟁도 사라질 것이다.

세간소유중복업
世間所有衆福業이

일체개유불광조
一切皆由佛光照라

불지혜해난측량
佛智慧海難測量이시니

여시부재시해탈
如是富財之解脫이로다

세간에 있는 모든 복업을
모두 다 부처님의 광명으로 비춤이라.
부처님의 지혜바다 측량하기 어려우니
이러한 것은 부재 야차왕의 해탈이로다.

눈을 뜨고 보면 누구나 한결같은 무량복덕을 누리고 살 건만 지혜의 눈이 없어서 보지 못할 뿐이다. 부처님이 세상에 오셔서 사람은 누구나 본래부터 무량복덕을 다 같이 누리고 있음을 가르쳐 주셨기에 그 지혜의 바다는 측량할 길이 없다고 한 것이다.

억 념 왕 겁 무 앙 수   불 어 시 중 수 십 력
憶念往劫無央數에   **佛於是中修十力**하사

능 령 제 력 개 원 만   차 고 당 왕 소 료 지
能令諸力皆圓滿하시니   **此高幢王所了知**로다

생각하건대 지나간 겁 끝이 없거늘

부처님이 그동안에 십력十力을 닦으사

모든 힘을 다 원만케 하시니

이것은 역괴고산 야차왕이 깨달아 알았도다.

부처님을 표현할 때 가끔 십력十力으로 대신하기도 한다. 그 십력이란,

① 처비처지력處非處智力: 도리와 이치가 옳고 그른 것을 다 아는 지혜의 힘

② 업이숙지력業異熟智力: 일체 중생의 삼세 업보를 다 아

는 지혜의 힘

③ 정려해탈등지등지지력靜慮解脫等持等至智力: 여러 가지 선정과 해탈과 삼매를 다 아는 지혜의 힘

④ 근상하지력根上下智力: 중생들의 근기가 높고 낮음을 다 아는 지혜의 힘

⑤ 종종승해지력種種勝解智力: 중생의 여러 가지 지해知解를 아는 지혜의 힘

⑥ 종종계지력種種界智力: 중생들의 여러 가지 경계를 다 아는 지혜의 힘

⑦ 변취행지력遍趣行智力: 여러 가지 행업行業으로 어디에 가서 나게 되는 것을 다 아는 지혜의 힘

⑧ 숙주수념지력宿住隨念智力: 숙명통으로 중생의 가지가지 숙명을 다 아는 지혜의 힘

⑨ 사생지력死生智力: 천안통으로 중생이 죽어서 태어날 때와 선한 곳과 악한 곳을 걸림 없이 다 아는 지혜의 힘

⑩ 누진지력漏盡智力: 온갖 번뇌와 습기를 영원히 끊어 없애는 지혜의 힘이다.

십력은 이러한 힘을 갖추고 있기 때문에 부처님을 대신하

는 이름으로 사용된다.

17. 마후라가왕 대중들의 득법과 게송

1) 득법

復次善慧摩睺羅伽王은 得以一切神通方便으로 令衆生集功德解脫門하니라

다시 또 선혜善慧 마후라가왕은 모든 신통과 방편으로 중생에게 공덕을 모으게 하는 해탈문을 얻었습니다.

마후라가는 본래 인도 신화에 등장하는 신으로, 산스크리트 '마호라가(Mahoraga)'를 음역한 것이다. '크다'는 뜻의 '마하(maha)'와 기어 다니는 것을 뜻하는 '우라가(uraga)'의 합성어로 곧 뱀이나 용을 말한다. 배와 가슴으로 기어 다닌다고 해서 대흉복행大胸腹行이라고 번역한다. 마호락가, 모호락가

라고도 음역하며, 동반자로 '마호라기(Maharagi)'가 있다. 인도 신화에서는 건달바(Gandharra:乾闥婆)·긴나라(緊那羅:Kimnara)와 함께 음악의 신이다.

이 신이 불교에 수용되어 불법을 수호하는 팔부신중이 되었다. 경전에서는 '불법을 즐겨 구하므로 중생들을 이롭게 하고, 거만한 성격을 버리고 겸손하게 기어 다니므로 복행腹行이다.'라고 설명하고 있다. 이밖에도 팔부신중에는 천(天:Deva)·용(龍:Naga)·야차(Yaksa)·아수라(Asura)·건달바·긴나라·가루다(Garuda)가 있다. 특히 천과 용이 중심이 되므로 천룡팔부天龍八部라고도 하는데, 이 중 마후라가는 주로 가람을 돌면서 사찰 외부를 수호하는 가람신이다. 우리나라에서도 예로부터 집을 지키는 구렁이를 업신業神이라 해서 경외의 대상으로 삼아 왔는데, 이와 비슷한 성격을 지닌다.

신중탱화에는 주로 머리에 뱀 모양의 모자를 쓰고 나타나고, 조각상일 경우에는 한 손에 뱀을 잡고 있는 형상을 한다. 경주 석굴암 내부에 부조로 조각된 마후라가상은 오른손에 칼을 쥐고 왼손은 가볍게 구부려 손바닥을 드러내 보이고 있다. 이 손의 모습이 무엇을 상징하는지는 알 수 없으나 복행服行을 나타내는 것으로 보인다. 강원도 양양군 강현면 둔전리의 진전사지 삼층석탑과 서면 황이리의 선림원지 삼층석탑에는 오른손에 칼을 들고 왼손에 뱀을 쥐고 있는 모습이 묘사되어 있다.

법을 얻은 것을 밝히는 데는 "모든 신통과 방편으로 중생에게 공덕을 모으게 한다."라고 하였다. 가장 낮은 자세로 기어 다니는 것은 겸손과 하심을 뜻한다. 그래서 복을 모으게 하는 것 같다.

정위음 마후라가왕   득사일체중생   제 번
淨威音摩睺羅伽王은 **得使一切眾生**으로 **除煩**

뇌 득 청 량 열 락 해 탈 문
惱得清凉悅樂解脫門하니라

정위음淨威音 마후라가왕은 모든 중생으로 하여금 번뇌를 제거하고 청량한 즐거움을 얻게 하는 해탈문을 얻었습니다.

"번뇌를 제거하고 청량한 즐거움을 얻게 하는 해탈"이란 모든 수행자가 바라는 바다. 존재의 공성空性을 확실하게 깨달으면 얻어지는 열락이다.

승 혜 장 엄 계 마 후 라 가 왕　　득 보 사 일 체 선 불
勝慧莊嚴髻摩睺羅伽王은 **得普使一切善不**
선 사 각 중 생　　입 청 정 법 해 탈 문
善思覺衆生으로 **入淸淨法解脫門**하니라

승혜장엄계勝慧莊嚴髻 마후라가왕은 온갖 선하고 선하지 못한 것을 생각하는 중생들을 청정한 법에 들게 하는 해탈문을 얻었습니다.

선과 불선은 곧 선과 악이다. 선과 악은 존재의 상대성과 마음의 차별성을 표현하는 말이다. 모든 마음 작용이 이와 같은 차별을 불러오므로 시시비비가 일어나고 갈등이 일어나고 싸움과 전쟁이 일어나서 세상을 지옥으로 만든다. 그래서 청정한 법에 들어가게 한다고 하였는데 청정한 법이란 그와 같은 차별이 텅 빈 공한 마음의 상태다. 6조 혜능

스님이 발우를 빼앗으려 달려온 도명스님에게 들려준 첫 법문도 "선도 생각하지 말고 악도 생각하지 말라."라는 내용이었다.

묘목주마후라가 왕　　득요달일체무소착 복
妙目主摩睺羅伽王은 **得了達一切無所着 福**

덕 자 재 평 등 상 해 탈 문
德自在平等相解脫門하니라

묘목주_{妙目主} 마후라가왕은 일체 집착하는 바가 없어 복덕이 자재하고 평등한 모양을 분명하게 통달하는 해탈문을 얻었습니다.

복덕이 자재하고 평등한 모양이란 본래로 모든 사람이 다 같이 갖추고 있는 본 성품의 복덕이다. 이것은 다 같이 평등하므로 차별이 없고, 차별이 없으므로 분별하고 집착할 바가 아니다. 이러한 이치를 통달하였으므로 그 이름이 아름다운 눈을 가진 묘목주이다.

燈幢摩睺羅伽王은 得開示一切衆生하야 令離
黑闇怖畏道解脫門하니라

등당燈幢 마후라가왕은 일체 중생에게 열어 보여서 어둡고 두려운 길을 여의게 하는 해탈문을 얻었습니다.

"어둡고 두려운 길"이란 무지하고 지혜가 없어 인생을 어떻게 살아야 할지를 몰라 앞이 캄캄한 경우다. 캄캄하면 두려움이 일어난다. 환경이 캄캄하거나 마음이 캄캄하거나 어두우면 두렵기 마련이다. 길을 가거나 어떤 일을 하려 할 경우에 많이 겪는 일이다.

最勝光明幢摩睺羅伽王은 得了知一切佛功
德하야 生歡喜解脫門하니라

최승광명당最勝光明幢 마후라가왕은 모든 부처님의 공

덕을 알고 환희를 내는 해탈문을 얻었습니다.

부처님을 알고, 부처님의 지혜를 알고, 부처님의 공덕을 알고, 부처님의 자비를 알면 환희심은 저절로 일어난다. 잘 조성된 불상만 보아도 환희심이 솟구친다. 하물며 부처님의 정신세계를 제대로 이해한다면 환희심이 나지 않을 수 없으리라.

<small>사 자 억 마 후 라 가 왕　　득 용 맹 력　　위 일 체 중</small>
獅子臆摩睺羅伽王은 **得勇猛力**으로 **爲一切衆**
<small>생 구 호 주 해 탈 문</small>
生救護主解脫門하니라

사자억獅子臆 마후라가왕은 용맹스러운 힘으로 모든 중생을 구호하는 주인이 되는 해탈문을 얻었습니다.

누군가를 경호하는 사람은 반드시 용맹스러워야 한다. 기운도 세고 실력도 있어야 하지만 무엇보다 용맹스러워야 한다.

중묘장엄음마후라가왕　　득영일체중생
衆妙莊嚴音摩睺羅伽王은 **得令一切衆生**으로

수억념생무변희락해탈문
隨憶念生無邊喜樂解脫門하니라

중묘장엄음衆妙莊嚴音 마후라가왕은 일체 중생에게 생각을 따라서 그지없는 즐거움을 내게 하는 해탈문을 얻었습니다.

사람이 즐거워하는 것은 그 조건이 외부 환경에 있기도 하지만 무엇보다 근본이 되는 것은 그 사람의 생각이다. 우리말에 "평안감사도 제가 하고 싶어야 한다."는 말이 있다.

수미억마후라가왕　　득어일체소연　결정
須彌臆摩睺羅伽王은 **得於一切所緣**에 **決定**

부동　도피안만족해탈문
不動하야 **到彼岸滿足解脫門**하니라

수미억須彌臆 마후라가왕은 일체 반연에 결정코 움직이지 아니하고 피안彼岸에 이르러 만족하는 해탈문을 얻었습니다.

피안에 이르려면 안팎의 모든 경계에 반연하지 아니하여야 한다. 경계에 반연하여 이리 흔들이고 저리 흔들리면 결코 피안에 이를 수 없다. 작은 세속적 성공도 그러하거늘 큰 깨달음의 피안에야 오죽하겠는가.

가애락광명마후라가왕
可愛樂光明摩睺羅伽王은 得爲一切不平等
중생 개시평등도해탈문
衆生하야 開示平等道解脫門하나라

가애락광명可愛樂光明 마후라가왕은 모든 평등하지 못한 중생을 위해서 평등한 길을 열어 보이는 해탈문을 얻었습니다.

본래로 모든 사람들은 다 같이 평등하다. 그러나 그 평등한 이치를 모르는 사람들은 항상 평등하지 않다고 생각하여 불평 불만이 대단히 많다. 조용하고 깊이 사유하여 일

체 사람들이 본래로 평등하고 끝내 평등하다는 사실을 깨달아야 하리라.

2) 게송

爾時_에 善慧威光摩睺羅伽王_이 承佛威力_{하사}
普觀一切摩睺羅伽衆_{하고} 而說頌言_{하사대}

그때에 선혜위광善慧威光 마후라가왕이 부처님의 위신력을 받들어 모든 마후라가 대중들을 두루 살펴보고 게송으로 말하였습니다.

汝觀如來性淸淨_{하라}　普現威光利群品_{하사대}
示甘露道使淸凉_{하야}　衆苦永滅無所依_{로다}

그대들은 여래의 성품이 청정함을 보라.

위엄과 광명을 널리 나타내어 중생을 이익케 하며
감로의 길을 보여 청정케 해서
모든 고통을 길이 소멸하여 의지할 데 없게 하였네.

사람 사람이 본래로 가지고 있는 여래의 본 성품은 청정하기 이를 데 없다. 그 위엄과 광명은 모든 문제를 해결하고 일체 번뇌를 다 끊는다. 불사의 감로도甘露道를 능히 보여 모두를 청정하게 한다. 사람 사람이 본래로 가지고 있는 여래의 본 성품은 처음부터 고통도 없고 번뇌도 없다.

일 체 중 생 거 유 해　　　제 악 업 혹 자 전 부
一切衆生居有海하야　　**諸惡業惑自纏覆**어늘

시 피 소 행 적 정 법　　　이 진 위 음 능 선 료
示彼所行寂靜法하시니　**離塵威音能善了**로다

모든 중생들이 있음의 바다에 머물면서
온갖 악업과 미혹에 스스로 얽히고 전도되어 있거늘
중생들이 행해야 할 고요한 법을 보이시니
이러한 것은 이진위음 마후라가왕이 잘 알았네.

일체 중생들이 사는 "있음의 바다"란 지옥·아귀·축생 등 6취의 바다다. 넓고 넓어 바다와 같다. 그곳에서 사는 모습은 모두가 악업이요, 미혹이요, 스스로 얽히고 전도되어 있다. 그들이 행해야 할 법이란 적정법이다. 경계에 이끌리지 아니하는 고요한 경지만이 정신을 차리는 길이다. 본래로 적멸한 그 자리에 돌아가는 길이다.

불 지 무 등 파 사 의
佛智無等叵思議어

지 중 생 심 무 부 진
知衆生心無不盡하사

위 피 천 명 청 정 법
爲彼闡明淸淨法하시니

여 시 엄 계 심 능 오
如是嚴髻心能悟로다

부처님의 지혜 같은 이 없고 불가사의함이여
중생들의 마음을 모두 다 아사
중생들을 위해 청정한 법을 천명하시니
이러한 것은 승혜장엄계 마후라가왕이
마음에 잘 깨달았네.

부처님의 지혜는 자연지自然智며 무사지無師智다. 그 누가 비교하겠는가. 결코 같은 사람 없고 불가사의하다. 중생들의 번뇌 병을 잘 알아서 청정한 법을 천명하여 치료하신다.

    무 량 제 불 현 세 간　　　　보 위 중 생 작 복 전
    無量諸佛現世間하사　　**普爲衆生作福田**하시니
    복 해 광 대 심 난 측　　　　묘 목 대 왕 능 실 견
    福海廣大深難測이라　　**妙目大王能悉見**이로다

한량없는 모든 부처님이 세간에 나타나사
널리 중생을 위해 복전을 지으시니
복덕의 바다 넓고 크고 깊어서 측량하기 어려워
묘목주 마후라가왕이 능히 다 보았네.

한량없는 모든 부처님이란 화엄경의 견해에서 보면 모든 사람 모든 생명들이 그대로 부처님이며, 유형 무형의 모든 존재들까지 역시 부처님이다. 삼라만상 천지만물이 그대로 부처님이다. 그러므로 삼라만상 천지만물은 그대로가 열반이고, 그대로 있음이 무량 대복전이다. 달리 바꾸고 고치고 다듬어서 부처님이 되는 것이 아니다. 부처님의 형상은 조각을

해야 비로소 부처님이라고 하지만 화엄경의 부처님은 삼라만상 그대로 있음이 부처님이며 무량 대복을 누림이다. 즉 만유개불萬有皆佛 사상이다.

일체 중생 우 외 고
一切衆生憂畏苦를

불 보 현 전 이 구 호
佛普現前而救護하사대

법 계 허 공 미 부 주
法界虛空靡不周하시니

차 시 등 당 소 행 경
此是燈幢所行境이로다

일체 중생의 근심과 두려움의 고통을
부처님이 그 앞에 나타나 구호하사
법계와 허공계에 두루 하시니
이것은 등당 마후라가왕이 행한 경계로다.

부처님의 법이 법계와 허공계에 두루 하지 않은 데가 없다. 다만 중생들이 그 법을 받아들일 마음의 준비가 갖춰져 있지 않아서 담지 못할 뿐이다. 폭우가 쏟아져도 그릇이 뒤집어져 있으면 한 방울의 물도 고이지 않지만 그릇이 반듯하게 놓여 있으면 조금씩 내리는 이슬비에도 그릇은 가득찬다.

불일모공제공덕
佛一毛孔諸功德을

세간공탁불능료
世間共度不能了라

무변무진동허공
無邊無盡同虛空하시니

여시광대광당견
如是廣大光幢見이로다

부처님 한 모공毛孔의 모든 공덕을
세간이 함께 헤아려도 알 수 없어라.
그지없고 다함없어 허공 같으시니
이와 같이 광대함을 최승광명당 마후라가왕이 보았네.

　세속적인 계산법으로 마음 부처의 광대무변한 공덕을 헤아리지 못한다. 평소 마음 부처에 대한 이해와 믿음이 다소 있는 사람이라도 겨우 짐작하는 정도다. 실로 사람 사람의 무량 공덕 생명은 그대로가 부처님의 무량 공덕 생명 그 자체이기 때문이다. 마음과 부처와 중생은 동일한 하나라고 하지 않았던가.

여래통달일체법
如來通達一切法하사

어피법성개명조
於彼法性皆明照하사대

여 수 미 산 불 경 동　　　입 차 법 문 사 자 억
如須彌山不傾動하시니　**入此法門獅子臆**이로다

여래는 모든 법을 통달하사

저 법의 성품을 밝게 비추사

수미산과 같이 움직이지 않으시니

이 법문에 들어간 이는 사자억 마후라가왕이로다.

여래는 일체 법을 통달하여 저 법성을 밝게 비춘다고 하였다. 법성게에 "법성은 원융하여 두 가지 모양이 없고 모든 법은 부동하여 본래로 고요하다. 이름도 없고 형상도 없어 일체의 설명이 끊어졌으니, 깨달은 지혜라야 알고 다른 이의 경계는 아니라네."라고 하였다.

불 어 왕 석 광 대 겁　　　집 환 희 해 심 무 진
佛於往昔廣大劫에　**集歡喜海深無盡**이라
시 고 견 자 미 불 흔　　　차 법 엄 음 지 소 입
是故見者靡不欣하니　**此法嚴音之所入**이로다

부처님이 지난 옛적 광대한 겁 동안

모아 놓은 환희의 바다 끝없이 깊어

그러므로 보는 이가 모두 기뻐하니

이 법은 중묘장엄음 마후라가왕이 들어갔네.

부처님은 왜 기쁨의 존재이며 환희의 대상인가. 세세생생 살아오면서 중생들을 이익하게 하고 편안하게 하려고 수행하신 분이다. 그러므로 그와 같이 세세생생을 살아오신 부처님이 어찌 환희롭지 아니한가. 어찌 기쁘지 아니한가.

요 지 법 계 무 형 상
了知法界無形相하사
바 라 밀 해 실 원 만
波羅蜜海悉圓滿하야

대 광 보 구 제 중 생
大光普救諸衆生하시니
산 억 능 지 차 방 편
山臆能知此方便이로다

법계는 형상이 없음을 분명히 알아

바라밀의 바다를 다 원만히 해서

큰 광명으로 모든 중생을 널리 구제하시니

수미억 마후라가왕이 이 방편을 능히 알았네.

법계란 법, 즉 진리의 세계다. 산스크리트 '다르마 다투(dharma-dhatu)'를 번역한 것이다. 법은 본래 인간의 행위를 보존한다는 뜻을 지닌 말이나 불교에서는 모든 사물의 근원을 뜻한다. 특히 대승불교에서는 종교적인 본원을 의미하며, 여기에 경계라는 의미의 '계'를 붙여 진리의 세계를 상징한다. 그래서 법계는 '진여眞如'와 동의어로 쓰이기도 한다. 진리 자체로서의 부처, 즉 법신불을 뜻하기도 하며, 화엄교학華嚴教學에서는 있는 그대로의 현실세계를 뜻하기도 한다. 그래서 현실이 그대로 법계다. 현실은 고정 불변하는 형상이 없다. 이러한 사실을 분명히 알아 중생 구제의 바라밀을 원만히 닦고 실천한다.

여 관 여 래 자 재 력
汝觀如來自在力하라

시 방 강 현 망 불 균
十方降現罔不均하사

일 체 중 생 함 조 오
一切衆生咸照悟하시니

차 묘 광 명 능 선 입
此妙光明能善入이로다

그대들은 여래의 자재한 힘을 보아라.

시방에 다 골고루 나타나사

모든 중생에게 다 비추어 깨닫게 하시니
이것은 가애락광명 마후라가왕이 잘 들어갔도다.

"마음을 관찰하는 한 가지 수행이 모든 수행을 다 포섭한다."라고 하였다. 마음 여래를 잘 관찰하고 명상하고 사색해서 마음 여래의 세계와 이치를 깨달으면 불교의 종지를 터득하게 된다.

18. 긴나라왕 대중들의 득법과 게송

1) 득법

부차 선혜 광명 천 긴나라왕   득 보 생 일 체 희
復次善慧光明天緊那羅王은 **得普生一切喜**

락 업 해 탈 문
樂業解脫門하니라

또한 선혜광명천善慧光明天 긴나라왕은 모든 기쁘고 즐거운 업을 내는 해탈문을 얻었습니다.

긴나라緊那羅는 인도 신화에 나오는 음악의 신이다. 우리나라 건달바의 조상 예로는 석굴암 팔부중상의 부조를 비롯하여 국립경주박물관 소장 팔부중상이 있는데 모두 사자관을 쓰고 있다. 인도 신화에서는 반인반조(半人半鳥 : 반은 사람의 모습이고 나머지 반은 새의 모습)의 형상을 하고 음악을 연주하는 신으로 묘사되었다. 가무의 신인 긴나라는 남자는 마수인신馬首人身으로서 노래를 잘 하고 여자는 단정하여 춤을 잘 춘다고 한다. 말 머리에 사람 몸으로 바라와 북을 두드리는 모습으로 묘사되고 있다. 사람에 가까운 형상에 머리에 뿔이 하나 있다고도 한다.

음악의 신으로 등장하기 때문에 모든 기쁘고 즐거운 업을 낸다고 하였다. 화엄회상에 음악가가 빠질 수 없다. 그래서 불교에서는 오래전부터 범패라는 전통 불교음악이 있어 왔다. 염불 소리도 일종의 음악이다.

묘 화 당 긴 나 라 왕　　등 능 생 무 상 법 희　　영 일
妙華幢緊那羅王은 **得能生無上法喜**하야 **令一**

切로 受安樂解脫門하니라

　묘화당妙華幢 긴나라왕은 능히 최상의 법의 기쁨을 내어서 모든 이에게 안락을 받게 하는 해탈문을 얻었습니다.

　사람들이 누리는 기쁨과 안락에도 그 내용에 따라 여러 가지가 있을 수 있다. 무엇이 원인이 되느냐에 따라 그 정도와 질이 다르다. 최상의 법으로 얻는 기쁨과 안락은 오랜 세월 동안 영원히 변하지 않을 기쁨과 안락이다. 세속적 기쁨과 안락과는 전혀 다르다.

種種莊嚴緊那羅王은 得一切功德이 滿足하야
廣大淸淨한 信解藏解脫門하니라

　종종장엄種種莊嚴 긴나라왕은 모든 공덕이 만족해서 광대하고 청정한 신해信解의 창고인 해탈문을 얻었습니다.

불법을 믿고 이해하는 것은 참으로 넓고 크고 청정한 마음의 세계다. 그것에서 얻어지는 공덕은 그 무엇과도 비교할 수 없이 만족한 공덕이다. 그러므로 불법을 믿고 이해하는 인연이 되었다면 그곳에서 최상의 공덕을 누려야 한다.

悅意吼聲緊那羅王은 得恒出一切悅意聲하야
令聞者로 離憂怖解脫門하니라

열의후성悅意吼聲 긴나라왕은 일체의 마음을 기쁘게 하는 소리를 항상 내어서 듣는 이에게 근심과 두려움을 여의게 하는 해탈문을 얻었습니다.

일체의 마음을 기쁘게 하는 소리는 무엇일까. 사무량심에서 말하는 애어愛語가 사람의 마음을 기쁘게 하는 소리다. 나아가서 세상사와 인생사에 대한 바른 이치를 깨우쳐 주는 진리의 소리가 일체의 마음을 기쁘게 하는 소리다. 진리의 소리야말로 모든 근심과 공포를 멀리 떠나게 한다.

보 수 광 명 긴 나 라 왕　　득 대 비 안 립 일 체 중 생
寶樹光明緊那羅王은 **得大悲安立一切衆生**하야

영 각 오 소 연 해 탈 문
令覺悟所緣解脫門하니라

보수광명寶樹光明 긴나라왕은 큰 자비로 일체 중생을 편안히 머물게 해서 반연할 바를 깨닫게 하는 해탈문을 얻었습니다.

불교의 근본 취지가 큰 자비로 일체 중생을 편안히 머물게 하는 일이다.

보 낙 견 긴 나 라 왕　　득 시 현 일 체 묘 색 신 해 탈
普樂見緊那羅王은 **得示現一切妙色身解脫**

문
門하니라

보낙견普樂見 긴나라왕은 여러 가지 미묘한 몸을 나타내 보이는 해탈문을 얻었습니다.

가지가지 중생들을 제도하려면 중생들의 성향에 맞는 미

묘한 몸의 모습을 나타내는 것이 중요하다. 건물생심이며 상견중생相見衆生이기 때문이다.

　　　　최승광장엄긴나라왕　　득요지일체수승장
最勝光莊嚴緊那羅王은 **得了知一切殊勝莊**

엄과　소종생업해탈문
嚴果의 **所從生業解脫門**하니라

　　최승광장엄最勝光莊嚴 긴나라왕은 일체 수승한 장엄의 과보가 생겨나는 업을 분명하게 아는 해탈문을 얻었습니다.

　　일체 수승한 장엄의 과보는 무엇으로 인하여 생겨날까? 평범한 사람들이 사는 생활환경도 그 사람이 지은 공덕과 업의 힘으로 얻어진 것이다. 수승한 장엄의 과보라면 당연히 훌륭한 덕행을 쌓아야 하리라.

미묘화당긴나라왕　　득선관찰일체세간업
微妙華幢緊那羅王은 **得善觀察一切世間業**의

소생보해탈문
所生報解脫門하니라

미묘화당微妙華幢 긴나라왕은 일체 세간의 업으로 생기는 과보를 잘 관찰하는 해탈문을 얻었습니다.

사람의 삶의 결과는 누구나 그 원인에 의한 것이다. "전생의 일을 알고자 하는가. 금생에 받는 것이 바로 그것이다. 내생의 일을 알고자 하는가. 금생에 하는 일이 바로 그것이다."[6]라고 하였다.

동지력긴나라왕　　득항기일체이익중생사
動地力緊那羅王은 **得恒起一切利益衆生事**

해탈문
解脫門하니라

동지력動地力 긴나라왕은 중생들을 이익하게 하는 온

---

6) 欲知前生事 今生受者是 欲知來生事 今生作者是.

갖 일을 항상 일으키는 해탈문을 얻었습니다.

보살은 중생을 이익하게 하는 일이라면 무엇이든 언제든지 한다. 보살의 삶은 중생을 위해 존재하며, 중생으로 인하여 보살이 존재하기 때문이다.

위 맹 주 긴 나 라 왕　　득 선 지 일 체 긴 나 라 심
威猛主緊那羅王은 **得善知一切緊那羅心**하야
교 섭 어 해 탈 문
巧攝御解脫門하니라

위맹주威猛主 긴나라왕은 모든 긴나라의 마음을 잘 알아 잘 거두어 제어하는 해탈문을 얻었습니다.

불교는 간단히 표현하면 마음을 단속하는 일[攝心]이라고 할 수 있다. 화엄경에 봉행불교상섭심奉行佛敎常攝心이라고 하였다. 부처님의 가르침을 받든다는 것은 다름이 아니라 마음을 항상 잘 단속하는 일이다. 사람의 마음은 경계를 만나면 항상 그 경계를 좇아 가며 흔들린다. 좋은 경계든 나쁜

경계든, 과거의 경계든 미래의 경계든, 경계에 이끌려 다니는 것이 사람의 삶이라고 할 수 있다.

2) 게송

爾時_에 善慧光明天緊那羅王_이 承佛威力_{하사}
普觀一切緊那羅衆_{하고} 而說頌言_{하사대}

그때에 선혜광명천善慧光明天 긴나라왕이 부처님의 위신력을 받들어 모든 긴나라 대중들을 두루 살피고 게송으로 말하였습니다.

世間所有安樂事_어   一切皆由見佛興_{이라}
導師利益諸衆生_{하사}   普作救護歸依處_{로다}

세간에 있는 안락한 일들

모두 다 부처님을 친견하여 일어남이라.
도사께서 모든 중생을 이익케 하사
구호하여 귀의할 곳을 널리 지으셨네.

세상에서 진정으로 편안하고 즐거운 일이란 부처님의 가르침을 배워서 생기는 것이다. 세속적인 일로 한순간 즐거움을 느낀다 하더라도 그것은 잠깐 있다가 사라지는 것이며, 즐거움 뒤에는 고통이 따르기 마련이다. 참으로 청정한 즐거움은 출세간 진리의 가르침에서 온다.

출 생 일 체 제 희 락　　　세 간 함 득 무 유 진
出生一切諸喜樂에　　**世間咸得無有盡**이라
능 영 견 자 부 당 연　　　차 시 화 당 지 소 오
能令見者不唐捐케하시니　**此是華幢之所悟**로다

온갖 기쁘고 즐거운 일을 다 내시니
세간이 다 얻어도 다함이 없음이라.
보는 이는 누구라도 헛되이 버리지 않게 하시니
이것은 묘화당 긴나라왕의 깨달은 것이로다.

부처님의 진리의 가르침을 통해서 얻어지는 기쁘고 즐거운 일이란 한량이 없는 것이므로 온 세상 사람들이 다 얻어 가더라도 그 끝이 없고 다함이 없다. 누구든지 부처님을 뵙고 그 가르침을 얻으면 결코 헛된 것이 없어서 큰 이익이 돌아온다.

불공덕해무유진 구기변제불가득
佛功德海無有盡이여 **求其邊際不可得**이라

광명보조어시방 차장엄왕지해탈
光明普照於十方하시니 **此莊嚴王之解脫**이로다

부처님의 공덕바다 다함이 없어
그 끝을 찾아도 찾지 못함이라.
그 광명이 시방에 널리 비치시니
이것은 종종장엄 긴나라왕의 해탈이로다.

사람이 마음으로 한 생애를 살아가는 일은 그 공덕이 끝이 없다. 스스로의 처지나 팔자가 어떠하든 일생 동안 보고 듣고 알고 느끼면서 살아가는 일 자체만으로도 그 공덕은 바다와 같이 넓다. 눈으로는 온 세상을 두루 살피지 않는가. 귀로는 온 세상 소리를 두루 듣지 않는가. 코로는 온 세상의 향기를 두루 맡지 않는가. 참으로 그 광명이 시방세계를 두루 비추도다.

여래 대 음 상 연 창
如來大音常演暢하사

개 시 이 우 진 실 법
開示離憂眞實法하시니

중 생 문 자 함 흔 열
衆生聞者咸欣悅이라

여 시 후 성 능 신 수
如是吼聲能信受로다

여래께서 큰 음성으로 항상 연설하사
근심을 떠나게 하는 진실한 법을 열어 보이시니
중생들이 듣는 이는 모두 기뻐함이라.
이러한 것은 열의후성 긴나라왕이 능히 믿고 받았도다.

부처님의 가르침은 중생의 8만4천 번뇌 병을 다스리는 8만4천 법문이다. 만약 중생에게 근심이 있다면 그 근심을 떠나게 한다. 근심 걱정이 많은 사람이 법문을 듣고 근심 걱정을 물리칠 수 있다면 얼마나 기쁠까.

아관여래자재력 　　　　개유왕석소수행
我觀如來自在力컨대　　**皆由往昔所修行**이라

대비구물영청정 　　　　차보수왕능오입
大悲救物令淸淨케하시니　**此寶樹王能悟入**이로다

내가 여래의 자재하신 힘을 보니

모두 지난 옛적의 수행을 말미암음이라.

큰 자비로 중생을 구제하여 청정케 하시니

이것은 보수광명 긴나라왕이 깨달아 들어갔네.

세상의 모든 결과는 그 원인을 심었기 때문에 나타난 것이다. 세상 사람들의 사업에서부터 부처님의 자재하신 능력에 이르기까지 모두 다 같은 원리다. 부처님은 과거에 오랫동안 수행하여 얻은 능력으로 중생들을 자비로 구제하셨다.

여래난가득견문 　　　　중생억겁시내우
如來難可得見聞이여　　**衆生億劫時乃遇**라

중상위엄실구족 　　　　차낙견왕지소도
衆相爲嚴悉具足하시니　**此樂見王之所覩**로다

여래를 친견하고 법문을 듣는 일 심히 어려워
중생이 억 겁 동안에 한 번 만남이라.
온갖 상호를 장엄하게 다 구족하시니
이것은 보낙견 긴나라왕의 본 바로다.

인생은 얻기 어렵고 불법은 만나기 어렵다. 그 확률을 맹구우목盲龜遇木의 경우와 같다고 하였다. 지난 세월에 지은 인연으로 별 어려움 없이 만난 것처럼 보이지만 실은 너무도 어려운 만남이다. 이 값지고 소중한 만남을 귀하게 생각하여 부지런히 정진하여야 할 것이다.

여 관 여 래 대 지 혜　　　　　보 응 군 생 심 소 욕
汝觀如來大智慧하라　　　**普應群生心所欲**하사

일 체 지 도 미 불 선　　　　　최 승 장 엄 차 능 료
一切智道靡不宣하시니　　**最勝莊嚴此能了**로다

그대는 여래의 크신 지혜를 보라.
중생들의 마음으로 하고자 하는 바에 널리 응하시어
일체 지혜의 길을 다 베푸시니

최승광장엄 긴나라왕이 이것을 능히 알았네.

부처님의 특징을 말할 때 가장 중요하게 생각하는 점이 부처님은 일체 지혜를 얻으신 분이라는 것이다. 일체 지혜란 모든 사람 모든 존재의 평등성과 차별성을 남김없이 꿰뚫어 아는 지혜를 말한다. 실로 모든 존재는 차별적인 면이 있는가 하면 평등한 면도 갖추고 있다.

업 해 광 대 부 사 의
業海廣大不思議여

중 생 고 락 개 종 기
衆生苦樂皆從起라

여 시 일 체 능 개 시
如是一切能開示하시니

차 화 당 왕 소 요 지
此華幢王所了知로다

업의 바다 광대하고 부사의함이여
중생들의 고苦와 낙樂이 여기서 생김이라.
이러한 모든 것을 능히 열어 보이시니
이것은 미묘화당 긴나라왕이 안 것이로다.

참으로 업의 힘은 헤아려 알기 어렵지만, 미혹하여 악업을 지으면 고통의 과보를 받고 지혜로워 선업을 지으면 즐거움의 결과를 받는다. 그러므로 불교는 선인선과와 악인악과를 가장 기본으로 가르친다. 세상 사람들이 모두 이러한 인과의 법칙만 잘 알아서 생활에 활용한다면 부정부패가 없고 억울한 사연도 없을 것이며, 모두가 양심적이며 정직하게 살게 될 것이다.

제불신통무간헐
諸佛神通無間歇하사

시방대지항진동
十方大地恒震動이어늘

일체중생막능지
一切衆生莫能知하니

차광대력항명견
此廣大力恒明見이로다

모든 부처님의 신통은 잠깐도 쉴 사이가 없으사
시방의 대지가 항상 진동하거늘
일체 중생이 능히 알 수 없으니
이것은 광대력[動地力] 긴나라왕이 항상 밝게 보도다.

모든 부처님의 신통력이란 무엇인가? 시방의 대지가 늘 이렇게 변화하고 움직여서 사계절이 바뀌는 모습 그 자체이다. 선게禪偈에서 말하지 않았는가. "신통과 묘용이여, 물을 길어 오고 땔나무를 해 오는 일이라네." 부처님의 신통을 마술사들의 마술처럼 이해한다면 그것은 삿된 견해며 외도들의 생각이다.

처 어 중 회 현 신 통
處於衆會現神通하사

방 대 광 명 영 각 오
放大光明令覺悟하야

현 시 일 체 여 래 경
顯示一切如來境하시니

차 위 맹 주 능 관 찰
此威猛主能觀察이로다

대중들의 모임에서 신통을 나타내사
큰 광명을 놓아 깨닫게 하여
일체 여래의 경계를 나타내 보이시니
이것은 위맹주 긴나라왕이 능히 관찰했도다.

경전상에는 간혹 부처님이 광명을 놓아 대중들을 깨닫게 한다는 광명각품光明覺品이라는 품이 있다. 그러나 그것은 모두가 상징적인 것으로 어떤 깊은 내용을 깨우치려는 뜻이다. 화엄경에는 구도방광九度放光이라 하여 부처님이 아홉 번에 걸쳐서 광명을 놓았다고 하였는데 그와 같은 경우이다. 예를 들면 십신十信 법문을 설하기 위해서는 세존이 양족륜兩足輪에서 방광하였다고 하였으며, 십주十住 법문을 설하기 위해서는 두 발가락 끝에서 방광을 하였다고 하였으며, 십행十行 법문을 설하기 위해서는 두 발등에서 방광을 하였다는 것 등이다. 신체의 부위와 설법의 내용이 연관성이 매우 깊다. 실제로 태양빛이나 달빛처럼 어떤 빛을 발산하는 것으로 이해해서는 안 된다.

19. 가루라왕 대중들의 득법과 게송

1) 득법

부 차 대 속 질 력 가 루 라 왕　　득 무 착 무 애 안
復次大速疾力迦樓羅王은 **得無着無礙眼**으로

보 관 찰 중 생 계 해 탈 문
普觀察衆生界解脫門하니라

다시 또 대속질력大速疾力 가루라왕은 집착이 없고 걸림이 없는 눈으로 중생 세계를 널리 관찰하는 해탈문을 얻었습니다.

어떤 사물이나 사건이든지 그 사물과 사건을 바르게 보고 넓게 보려면 편견 없이 보아야 한다. 치우친 감정이나 집착이 있거나 걸림이 있으면 제대로 볼 수 없다.

불가괴보계가루라왕 득보안주법계 교
不可壞寶髻迦樓羅王은 **得普安住法界**하야 **敎**
화중생해탈문
化衆生解脫門하니라

불가괴보계不可壞寶髻 가루라왕은 법계에 널리 안주해서 중생을 교화하는 해탈문을 얻었습니다.

수많은 중생들을 교화하려면 법계에 널리 안주해야 한다. 오늘날의 포교도 세상과 함께하고 세상 사람들과 가까이 해야 많은 사람들을 만나고 불법을 널리 전파할 수 있다.

청정 속 질 가 루 라 왕　　　득 보 성 취 바 라 밀 정 진
清淨速疾迦樓羅王은 **得普成就波羅蜜精進**
력 해 탈 문
力解脫門하니라

　청정속질淸淨速疾 가루라왕은 바라밀의 정진력을 널리 성취하는 해탈문을 얻었습니다.

　불교의 이상인 보살의 덕목은 6바라밀, 10바라밀[7]을 닦는 일이다. 이와 같은 바라밀의 정진력을 성취하는 일은 불교 수행의 근간이 된다.

---

7) 십바라밀十波羅蜜: 바라밀波羅蜜은 산스크리트 '파라미타(pāramitā)'의 음사. 도피안到彼岸·도도度度·도무극度無極이라 번역한다. 보살이 이루어야 할 열 가지 완전한 성취다. ① 보시布施바라밀: 보시를 완전하게 성취함, 보시의 완성 ② 지계持戒바라밀: 계율을 완전하게 지킴, 지계의 완성 ③ 인욕忍辱바라밀: 인욕을 완전하게 성취함, 인욕의 완성 ④ 정진精進바라밀: 완전한 정진, 정진의 완성 ⑤ 선정禪定바라밀: 완전한 선정, 선정의 완성 ⑥ 지혜智慧바라밀: 분별과 집착이 끊어진 완전한 지혜를 성취함, 분별과 집착을 떠난 지혜의 완성 ⑦ 방편方便바라밀: 중생을 구제하기 위한 완전한 방편을 성취함, 방편의 완성 ⑧ 원願바라밀: 중생을 구제하려는 완전한 원願을 성취함, 원願의 완성 ⑨ 역力바라밀: 바르게 판단하고 수행하는 완전한 힘을 성취함 ⑩ 지智바라밀: 중생을 깨달음으로 인도하는 완전한 지혜를 성취함.

불퇴심장엄 가루라 왕　　 득용맹력　　 입여래
不退心莊嚴迦樓羅王은 **得勇猛力**으로 **入如來**
경계해탈문
境界解脫門하니라

불퇴심장엄不退心莊嚴 가루라왕은 용맹스러운 힘으로 여래의 경계에 들어가는 해탈문을 얻었습니다.

여래의 경계에 들어가려면 중생이 본래부터 여래와 동등하다는 견해를 가지고 당당하고 용맹스럽게 불법에 임해야 한다.

대해처섭지력 가루라 왕　　 득입불행광대지
大海處攝持力迦樓羅王은 **得入佛行廣大智**
혜해해탈문
慧海解脫門하니라

대해처섭지력大海處攝持力 가루라왕은 부처님이 행하는 광대한 지혜바다에 들어가는 해탈문을 얻었습니다.

부처님은 평소에 무엇을 행하면서 사시는가. 광대한 지혜의 바다를 행한다고 하였다. 부처님은 진리를 깨달으시고 그 깨달음을 모든 사람들에게 전파하는 일을 생활화하셨다. 진리를 깨달았다는 말은 깨달음의 지혜를 성취하였다는 뜻이기도 하다. 그래서 그 지혜를 널리 펴고 있다는 사실을 불교를 믿는 사람들은 반드시 알아야 한다.

堅法淨光迦樓羅王은 得成就無邊衆生差別智解脫門하니라

견법정광堅法淨光 가루라왕은 끝없는 중생을 성취시키는 차별된 지혜의 해탈문을 얻었습니다.

많고 많은 중생들을 모두 성취시키려면 차별된 지혜가 필요하다. 중생이 차별하므로 그 중생들을 교화하고 성취시키는 지혜도 또한 차별되어야 하기 때문이다.

묘 엄 관 계 가 루 라 왕　　득 장 엄 불 법 성 해 탈 문
妙嚴冠髻迦樓羅王은 **得莊嚴佛法城解脫門**
하니라

묘엄관계妙嚴冠髻 가루라왕은 불법의 성城을 장엄하는 해탈문을 얻었습니다.

불법의 성城을 장엄하는 일은 불법을 지키고 보호하며 불법이 더욱 빛나도록 온갖 방면으로 돕는 일이다. 정치, 경제, 교육, 언론, 문화, 예술, 음악 등등 불법의 성을 장엄해야 할 분야는 너무도 많다.

보 첩 시 현 가 루 라 왕　　득 성 취 불 가 괴 평 등 력
普捷示現迦樓羅王은 **得成就不可壞平等力**
해 탈 문
解脫門하니라

보첩시현普捷示現 가루라왕은 깨뜨릴 수 없는 평등한 힘을 성취하는 해탈문을 얻었습니다.

누구도 깨뜨릴 수 없는, 그리고 누구나 다 갖추고 있는 평등한 힘은 진여며, 법성이며, 불성이며, 자성이다.

보 관 해 가 루 라 왕　　득 요 지 일 체 중 생 신　　이
普觀海迦樓羅王은 **得了知一切衆生身**하야 **而**

위 현 형 해 탈 문
爲現形解脫門하니라

보관해普觀海 가루라왕은 모든 중생의 몸을 분명히 알고 그들을 위해 형상을 나타내는 해탈문을 얻었습니다.

보살이 중생들을 교화하려면 먼저 중생들의 몸과 마음을 잘 알아야 한다. 그 몸과 마음을 잘 알아서 그 중생에게 알맞은 몸과 마음을 나타내어 교화하는 것이 가장 효과적이다.

용 음 대 목 정 가 루 라 왕　　득 보 입 일 체 중 생 몰
龍音大目精迦樓羅王은 **得普入一切衆生歿**

생 행 지 해 탈 문
生行智解脫門하니라

용음대목정龍音大目精 가루라왕은 모든 중생의 나고 죽는 행에 널리 들어가는 지혜의 해탈문을 얻었습니다.

불교 공부의 목적을 흔히 생사에서 벗어나는 것이라고도 한다. 중생의 나고 죽는 행에 널리 들어가는 것은 태어나고 죽는 문제를 환하게 꿰뚫어 아는 일이다.

2) 게송

이 시　대 속 질 력 가 루 라 왕　　승 불 위 력　　보
爾時에 **大速疾力迦樓羅王**이 **承佛威力**하사 **普**
관 일 체 가 루 라 중　　이 설 송 언
觀一切迦樓羅衆하고 **而說頌言**하사대

그때에 대속질력大速疾力 가루라왕이 부처님의 위신력을 받들어 모든 가루라 대중들을 두루 살피고 게송으로 말하였습니다.

불안광대무변제 　　　　　보견시방제국토
佛眼廣大無邊際하사　　**普見十方諸國土**하시니

기중중생불가량 　　　　　현대신통실조복
其中衆生不可量이어늘　**現大神通悉調伏**이로다

부처님의 눈은 넓고 커서 그 끝이 없으사

시방의 모든 국토를 널리 다 보시니

그 가운데 있는 중생 헤아릴 수 없거늘

큰 신통 나타내어 모두 조복하시네.

부처님의 교화 사업은 중생들을 남김없이 다 제도하는 것이다. 조복하거나 성숙시키거나 성취하거나 교화와 제도가 모두 같은 의미이다. 넓고 큰 눈으로 일일이 살펴서 모두 모두 건지신다.

불신통력무소애 　　　　　변좌시방각수하
佛神通力無所礙여　　　**徧坐十方覺樹下**하사

연법여운실충만 　　　　　보계청문심불역
演法如雲悉充滿하시니　**寶髻聽聞心不逆**이로다

부처님의 신통력 걸림이 없음이여

시방의 각수覺樹 밑에 두루 앉으사

법을 연설함이 구름과 같이 다 충만하시니

불가괴보계 가루라왕이 듣고 마음에 거슬리지 않았네.

각수覺樹는 보리수다. 깨달은 사람은 어디에 앉든 그 앉은 자리가 모두 보리수 밑이다. 또한 깨달은 사람에게는 일거수일투족이 모두 법을 연설하는 일이다. 꿈속에서는 모두가 꿈이고 깨어 있는 사람에게는 모두가 실제 상황이다.

불 어 왕 석 수 제 행
佛於往昔修諸行에

보 정 광 대 바 라 밀
普淨廣大波羅蜜하사

공 양 일 체 제 여 래
供養一切諸如來하시니

차 속 질 왕 심 신 해
此速疾王深信解로다

부처님이 지난 옛적 여러 행을 닦을 때

광대한 바라밀을 널리 청정하게 하사

일체 모든 여래에게 공양하시니

이것은 청정속질 가루라왕이 깊이 믿고 알았도다.

수행을 하는 데 누구에게나 주主 바라밀이 있고 조助 바라밀이 있다. 예를 들어 10종의 바라밀 중에 보시가 주 바라밀이 되면 나머지 9바라밀은 조 바라밀이 되며, 만약 지계가 주 바라밀이 되면 나머지 9바라밀은 모두 조 바라밀이 된다. 이 경문에서는 모든 생명 모든 사람을 모두 여래로 받들어 섬기며 공양 올리는 것을 주 바라밀로 수행하신 것이다.

여래 일 일 모 공 중
如來一一毛孔中에

일 념 보 현 무 변 행
一念普現無邊行하시니

여 시 난 사 불 경 계
如是難思佛境界여

불 퇴 장 엄 실 명 도
不退莊嚴悉明覩로다

여래의 하나하나 모공毛孔마다에
한 생각에 그지없는 행을 널리 나타내시니
이와 같이 생각하기 어려운 부처님의 경계여
불퇴심장엄 가루라왕이 다 밝게 보았네.

부처님의 세포나 부처님의 DNA는 그 모두가 부처님이다. 사람의 세포 하나 속에 그 사람의 모든 정보가 다 들어 있어서 세포 그대로가 그 사람이다. 그래서 세포 하나만으로도 사람을 온전히 복제할 수 있다. 감나무 잎 하나에도 감나무의 모든 정보가 다 들어 있다. 그 감나무 잎을 갈아서 작은 먼지로 만들어도 그 먼지 하나 속에 감나무의 모든 정보가 다 들어 있어서 역시 그 먼지로 감나무를 복제하고 재현할 수 있다. 먼지 하나하나 모두가 그대로 감나무이기 때문이다.

불행광대부사의
佛行廣大不思議라

일체중생막능측
一切衆生莫能測이니

도사공덕지혜해
導師功德智慧海여

차집지왕소행처
此執持王所行處로다

부처님의 행은 넓고 커서 부사의함이라.
일체 중생이 측량할 수 없으니
도사導師의 공덕과 지혜의 바다여
이것은 대해처섭지력 가루라왕이 행한 곳이네.

마음 부처의 세계는 불가사의하여 평범한 세속저 생가으

로 측량할 수 없다. 마음 부처의 공덕과 지혜의 바다도 역시 그와 같아서 협소한 마음으로는 측량할 수 없다.

여래무량지혜광 능멸중생치혹망
如來無量智慧光이여 **能滅衆生癡惑網**하사

일체세간함구호 차시견법소지설
一切世間咸救護하시니 **此是堅法所持說**이로다

여래의 한량없는 지혜의 빛이여

중생들의 어리석고 미혹한 그물을 다 소멸하사

모든 세간을 다 구호하시니

이것은 견법정광 가루라왕이 연설하였네.

사람의 어리석음을 제거하는 것은 오로지 지혜뿐이다. 지혜가 밝으면 어리석음이라는 어둠은 자연히 사라진다. 마치 태양이 밝게 떠오르면 어두운 구름은 저절로 걷히듯이.

법성광대불가궁　　　　기문종종무수량
法城廣大不可窮이여　　**其門種種無數量**이어늘

여래처세대개천　　　　차묘관계능명입
如來處世大開闡하시니　**此妙冠髻能明入**이로다

법의 성곽이 광대해서 다할 수 없음이여

그 문이 갖가지라 한량이 없거늘

여래가 세상에서 크게 여시니

이것은 묘엄관계 가루라왕이 밝게 들어갔도다.

　　대도大道는 무문無門이라 하였다. 법의 성곽에는 특정한 문이 없다. 그래서 무한히 문이 많다. 여기에서 문이 많음은 없음과 같다. 문문마다 다 들어갈 수 있기 때문이다. 깨달음을 성취하신 여래는 그 많은 문들을 활짝 열어 두었으나 중생들은 구태여 닫힌 문으로 들어가려고 한다. 신찬神贊선사 게송에 "열린 문으로는 기꺼이 나가지 않고 닫힌 창문만 두드리니 어리석구나. 백년간 옛 종이만 뚫은들 어느 날에 벗어나겠는가."[8]라고 하였다.

---

8) 空門不肯出 投窓也大痴 百年鑽古紙 何日出頭期.

일체 제 불 일 법 신　　　진 여 평 등 무 분 별
一切諸佛一法身이어　　**眞如平等無分別**이어늘

불 이 차 력 상 안 주　　　보 첩 현 왕 사 구 연
佛以此力常安住하시니　**普捷現王斯具演**이로다

일체 모든 부처님의 한 법신이어

진여는 평등해서 분별이 없거늘

부처님은 이 힘으로 항상 안주하시니

보첩시현 가루라왕이 이것을 갖추어 연설하였네.

모든 부처님과 일체 중생의 그 법신은 하나다. 부처님의 진여나 중생의 진여나 그 또한 평등하여 하나다. 법신이나 진여의 입장에서는 세계가 일화一花다.

불 석 제 유 섭 중 생　　　보 방 광 명 변 세 간
佛昔諸有攝衆生하사대　**普放光明徧世間**하사

종 종 방 편 시 조 복　　　차 승 법 문 관 해 오
種種方便示調伏하시니　**此勝法門觀海悟**로다

부처님이 옛날 모든 세상에서 중생들을 섭수할 때

광명을 널리 놓아 세간에 두루 하사
갖가지 방편으로 조복을 보이시니
이 훌륭한 법문은 보관해 가루라왕이 깨달았도다.

부처님이 모든 세상에서 중생들을 섭수할 때 광명을 널리 놓아 세간에 두루 한 것은 지혜의 가르침이다. 즉 불교의 가르침은 모두 인생을 살아가는 데 필요한 지혜의 가르침이다. 그 가르침을 통해서 중생들을 다스리고 조복하여 행복하고 평화롭게 한다.

불 관 일 체 제 국 토
佛觀一切諸國土가

실 의 업 해 이 안 주
悉依業海而安住하사

보 우 법 우 어 기 중
普雨法雨於其中하시니

용 음 해 탈 능 여 시
龍音解脫能如是로다

부처님이 관찰하니 일체 모든 국토가
업의 바다를 의지해서 안주함이라.
법의 비를 그 가운데 널리 내리시니
용음대목정 가루라왕의 해탈이 이와 같도다.

"중생들이 사는 것은 모두가 업놀음이다."라는 말이 있다. 실로 업의 세계는 불가사의하다. 부처님이 관찰하니 모두가 업의 바다에 의지해서 살고 있다. 한 사람 한 사람이 모두 업의 바다에 떠다니며 이리 밀리고 저리 밀리면서 자신의 주체성은 잃어버리고, 또한 제정신도 차리지 못한 채 업에 이끌려 하루하루 살아가고 있다. 일체가 업놀음이다. 물론 선업善業이나 보살업菩薩業이나 불업佛業도 업이라고 부르지만 그것은 모두 원력이다.

20. 아수라왕 대중들의 득법과 게송

1) 득법

부 차 라 후 아 수 라 왕   득 현 위 대 회 존 승 주 해
復次羅睺阿修羅王은 **得現爲大會尊勝主解**
탈 문
脫門하니라

다시 또 라후羅睺 아수라왕은 큰 회상에서 높고 훌륭

한 주인이 되는 해탈문을 얻었습니다.

아수라는 아소라阿素羅, 아소락阿素洛, 아수륜阿素倫 등으로 음역되며 수라修羅라고 약칭되기도 한다. 원래 고대 인도 최고의 신 중 하나였는데 나중에 제석천과 싸우는 악신惡神으로 바뀌었다. 귀신들의 왕으로 얼굴이 셋이고 팔이 여섯이며 아귀의 세계에서 싸우기를 좋아한다고 한다.

불교에 수용되어서는 천룡팔부중의 하나가 되어 호법선신의 모습 또는 귀신으로서의 모습 등 여러 가지 성격을 가진다. 다른 8부중과 마찬가지로 아수라도 단독의 고유명사라기보다는 4대 아수라를 비롯한 수라 세계의 많은 귀신의 총칭이다. 육도의 하나인 아수라도阿修羅途는 전쟁이 끊이지 않는 혼란의 세계이다.

아수라의 형상에 대해서는 여러 가지 설이 있으나 일반적으로 얼굴이 3개이며 팔이 6개나 8개라고 한다. 즉 3면6비三面六臂 또는 3면8비로 나타난다. 손에는 칼, 해, 달, 금강저, 노끈 등의 지물을 들고 있다. 무서운 얼굴을 하고 있으며 머리 위에 또 다른 머리를 얹기도 한다.

이와 같은 의미의 아수라지만 화엄성중華嚴聖衆으로서는 그야말로 성스러운 대중 가운데 하나다. 곧 보살이다. 어떤 사람들의 모임이라 하더라도 그 모임에서 존경받는 어른이 되고 훌륭하다는 칭송을 받는 어른이 되는 것은 보살이 감당해야 할 일이다.

비 마 질 다 라 아 수 라 왕   득 시 현 무 량 겁 해 탈
毘摩質多羅阿修羅王은 **得示現無量劫解脫**
문
門하니라

비마질다라毘摩質多羅 아수라왕은 한량없는 겁을 나타내 보이는 해탈문을 얻었습니다.

한량없는 겁이라 하더라도 역시 일념이다. 일념이 곧 한량없는 것이기 때문에 한량없는 것을 일념에 나타낸다.

교 환 술 아 수 라 왕   득 소 멸 일 체 중 생 고   영
巧幻術阿修羅王은 **得消滅一切衆生苦**하야 **令**

청정해탈문
淸淨解脫門하니라

교환술巧幻術 아수라왕은 모든 중생의 고통을 소멸해서 청정케 하는 해탈문을 얻었습니다.

보살의 소임은 지혜로써 가르쳐 일체 중생들의 고통을 소멸하여 텅 비어 공하게 하는 일이다.

대권속아수라왕 득수일체고행 자장엄
大眷屬阿修羅王은 **得修一切苦行**하야 **自莊嚴**
해탈문
解脫門하니라

대권속大眷屬 아수라왕은 모든 고행을 닦아서 스스로 장엄하는 해탈문을 얻었습니다.

부처님이 출가하여 6년간 고행을 닦으신 일은 모든 수행자들의 본보기다. 그 고행은 곧 자신의 인격을 장엄하는 장엄거리이다.

바 치 아 수 라 왕　　　　 득 진 동 시 방 무 변 경 계 해 탈
婆稚阿修羅王은 **得震動十方無邊境界解脫**

문
門하니라

　바치婆稚 아수라왕은 시방의 끝없는 경계를 진동시키는 해탈문을 얻었습니다.

　진리에 눈을 떠서 일체 존재를 진리의 안목으로 바라볼 때 그것은 곧 시방의 끝없는 경계를 6종 18상으로 진동시키는 일이다. 6종이란 6근이며, 18상이란 6근과 6경과 6식의 18계를 뜻한다. 진리를 깨달은 감동이 그 사람의 모든 영역을 크게 진동시키기 때문이다.

　　 변 조 아 수 라 왕　　　 득 종 종 방 편　　　 안 립 일 체 중
徧照阿修羅王은 **得種種方便**으로 **安立一切衆**

생 해 탈 문
生解脫門하니라

　변조徧照 아수라왕은 갖가지 방편으로 일체 중생을 안

립安立하는 해탈문을 얻었습니다.

　일체 중생을 안립安立한다는 것은, 중생은 실로 중생이 아니어서 무엇이라고 표현하기가 어렵다. 그래서 중생을 언어로 표현할 수 없는 것을 임시로 가지가지 방편과 언어로써 중생이라고 분별하여 표현한 것이다.

　　　견고행묘장엄아수라왕　　득보집불가괴선
　　堅固行妙莊嚴阿修羅王은 **得普集不可壞善**
근　　정제염착해탈문
根하야 **淨諸染着解脫門**하니라

　견고행묘장엄堅固行妙莊嚴 아수라왕은 깨뜨릴 수 없는 선근을 널리 모아서 모든 물들고 집착한 것을 깨끗이 하는 해탈문을 얻었습니다.

　깨뜨릴 수 없는 선근이란 일체의 선행을 하되 무주상無住相으로 선행을 하면 그것은 깨뜨릴 수 없는 선근이 되지만, 물들고 집착이 있는 유주상有住相의 선행을 하면 그것은 무너지는 선근이 된다. 그러므로 무주상의 보시를 하라고 한 것이다.

<ruby>廣大因慧</ruby>阿修羅王은 得大悲力無疑惑主解脫門하니라

광대인혜廣大因慧 아수라왕은 큰 자비의 힘으로 의혹이 없는 주인의 해탈문을 얻었습니다.

큰 자비가 있는 보살은 중생에 대해서 아무런 의혹이 없다. 오직 사랑으로 믿고 보살피는 마음뿐이다. 어머니가 사랑하는 자식에게 무슨 의혹이 있겠는가. 오직 사랑하는 마음뿐이다.

現勝德阿修羅王은 得普令見佛하고 承事供養하야 修諸善根解脫門하니라

현승덕現勝德 아수라왕은 널리 부처님을 뵈옵고 받들어 섬기며 공양하여 모든 선근을 닦게 하는 해탈문을 얻었습니다.

세상에서의 진정한 보물은 불·법·승 삼보다. 그중에서 부처님을 먼저 이해하고 믿고 받들어 섬기며 공양 공경하고 존중 찬탄하는 마음부터 가져야 한다. 선행 중에서 가장 으뜸이 되는 선행이다.

善音阿修羅王은 得普入一切趣決定平等行解脫門하니라

선음善音 아수라왕은 모든 중생들의 갈래에 들어가서 결정코 평등하게 행하는 해탈문을 얻었습니다.

보살은 중생들의 온갖 갈래인 지옥이나 아귀나 축생이나 아수라나 인도나 천도에 들어가더라도 결코 차별하지 않고 평등하게 행한다.

2) 게송

爾時_에 羅睺阿修羅王이 承佛威力_{하사} 普觀一切阿修羅衆_{하고} 而說頌言_{하사대}

그때에 라후_{羅睺} 아수라왕이 부처님의 위신력을 받들어 모든 아수라 대중들을 두루 살피고 게송으로 말하였습니다.

十方所有廣大衆_에　佛在其中最殊特_{이라}

光明徧照等虛空_{하사}　普現一切衆生前_{이로다}

시방에 있는 많고 많은 대중들 가운데
부처님이 그 가운데 가장 특수하시니
광명이 두루 비쳐 허공과 같으시어

일체 중생 앞에 널리 나타나셨네.

부처님을 찬탄한 게송에 "천상이나 천하에 부처님 같은 이 없어라. 시방세계에 비교할 이 없네. 세간에 있는 모든 이들을 내가 다 보았으나 그 누구도 부처님 같은 분 없어라."[9]라고 하였다. 실로 부처님은 세상에서 가장 특수하시다. 그래서 인류의 가장 위대한 스승이라 한다. 그분의 광명인 지혜의 가르침은 세월이 흐르고 문명이 발달할수록 더욱 빛난다. 더욱 철학적이고 더욱 과학적이다.

백천만겁제불토
百千萬劫諸佛土를

일찰나중실명현
一刹那中悉明現하사

서광화물미부주
舒光化物靡不周하시니

여시비마심찬희
如是毘摩深讚喜로다

백천만겁 동안의 모든 불토를

일찰나 가운데 다 밝게 나타내사

---

9) 天上天下無如佛 十方世界亦無比 世間所有我盡見 一切無有如佛者.

광명을 펴서 중생을 다 교화하시니
이러한 것은 비마질다라 아수라왕이 깊이 찬탄하도다.

한 찰나에 모든 시간과 모든 공간, 백천만겁 동안의 모든 불토를 다 나타낸다. 화엄경의 안목은 사사무애를 근간으로 하면서 역시 일체 중생까지 다 교화한다. 모든 시간과 모든 공간과 모든 생명이 무애하고, 무애하고 또 무애하다.

여래경계무여등   종종법문상이익
如來境界無與等이여   **種種法門常利益**하사

중생유고개영멸   점말라왕차능견
衆生有苦皆令滅하시니   **苦末羅王此能見**이로다

여래의 경계는 누구와도 같은 이가 없어
갖가지 법문으로 늘 이익하게 하사
중생들의 고통을 모두 소멸하시니
점말라[巧幻術] 아수라왕이 이것을 능히 보았네.

여래의 경계는 무엇으로 이해하는가. 수많은 법문으로

이해한다. 여래가 법문은 아니지만 법문으로 여래의 경계에 다소나마 들어갈 수 있기 때문이다.

무 량 겁 중 수 고 행
無量劫中修苦行하사 이 익 중 생 정 세 간
利益衆生淨世間하시니

유 시 모 니 지 보 성
由是牟尼智普成이라 대 권 속 왕 사 견 불
大眷屬王斯見佛이로다

한량없는 겁 동안 고행을 닦으사
중생에게 이익 주고 세간을 청정케 하시니
이것으로 석가모니는 지혜를 널리 성취함이라.
대권속 아수라왕이 여기에서 부처님을 보았네.

석가모니 부처님이 그와 같이 부처님이 된 것은 오랜 세월 동안 고행하신 덕이다. 그 고행은 오직 중생들을 이익하게 하려는 것이며 세상을 아름답고 향기로운 곳으로 만들기 위함이었다.

무애무등대신통 　　　변동시방일체찰
無礙無等大神通이여　**徧動十方一切刹**호대

불사중생유경포 　　　대력어차능명료
不使衆生有驚怖케하시니　**大力於此能明了**로다

걸림 없고 같을 이 없는 큰 신통이여
시방의 모든 세계를 두루 다 진동하되
중생들에게는 놀라거나 두렵게 하지 않으시니
대력[婆稚] 아수라왕이 여기에서 밝게 알았네.

사람이 진여불성을 가지고 이와 같이 보고, 이와 같이 듣고, 이와 같이 느끼고 아는 일이 걸림 없는 대신통의 작용이다. 이보다 더 위대한 신통묘용이 어디 있겠는가.

불출어세구중생 　　　일체지도함개시
佛出於世救衆生하사대　**一切智道咸開示**하사

실령사고득안락 　　　차의변조소홍천
悉令捨苦得安樂케하시니　**此義徧照所弘闡**이로다

부처님이 세상에 나와 중생을 구제함에

일체 지혜의 길을 다 열어 보이사
모두 다 고통을 버리고 안락을 얻게 하시니
이 뜻은 변조 아수라왕이 크게 열었네.

부처님이 세상에 오셔서 중생들을 구제하는 것은 스스로의 지혜를 깨닫게 함이다. 지혜가 있으므로 자비도 발휘된다. 지혜가 없으면 자비심도 발휘되지 않는다. 흔히 불교의 목적을 이고득락離苦得樂이라고 하는데 이도 역시 지혜를 통해서 가능하다.

세간소유중복해
世間所有衆福海를

불력능생보영정
佛力能生普令淨하시고

불능개시해탈처
佛能開示解脫處하시니

견행장엄입차문
堅行莊嚴入此門이로다

세간에 있는 온갖 복의 바다를
부처님의 힘으로 내어서 청정하게 하며
부처님이 해탈할 곳을 능히 열어 보이시니
견고행묘장엄 아수라왕이 이 문에 들어갔네.

인생에 있어서 진정한 복덕을 부처님의 가르침을 통해서 알게 된다. 사람이 본래로 갖추고 있는 청정한 복덕을 인간의 진정한 가치를 깨달으신 부처님이 아니면 알 수 없기 때문이다. 부처님의 가르침을 통해 인간의 고귀한 가치를 알게 되었으니 얼마나 큰 다행인가. 세세생생 감사하면서 그 은혜를 갚아야 하리라.

불 대 비 신 무 여 등　　　주 행 무 애 실 령 견
佛大悲身無與等이여　　**周行無礙悉令見**하사대
유 여 영 상 현 세 간　　　인 혜 능 선 차 공 덕
猶如影像現世間하시니　**因慧能宣此功德**이로다

부처님의 크신 자비의 몸 더불어 같을 이 없음이여
걸림 없이 다니시며 다 보게 하시되
마치 그림자가 세간에 나타나듯 하시니
광대인혜 아수라왕이 이 공덕을 말하였네.

부처님은 지혜의 몸과 법의 몸과 아울러 자비의 몸이다. 중생을 제도하려 시방세계를 걸림 없이 두루 다니신다. 그러나 있으면서 없고 없으면서 있는 그림자와 같이 세간에 나타나신다.

<blockquote>
희 유 무 등 대 신 통　　　처 처 현 신 충 법 계
希有無等大神通이여　　**處處現身充法界**하사
각 재 보 리 수 하 좌　　　차 의 승 덕 능 선 설
各在菩提樹下坐하시니　**此義勝德能宣說**이로다
</blockquote>

희유하고 짝할 이 없는 큰 신통이여
곳곳에 몸을 나타내어 법계에 가득하사
각각 보리수나무 밑에 앉아 계시니
이 뜻은 현승덕 아수라왕이 말하였도다.

부처님을 표현할 때 신통을 빠뜨릴 수 없다. 부처님은 곧 진리의 몸[法身]이다. 그렇기 때문에 우주에 없는 곳이 없다. 진리 당체로서의 부처님의 몸은 곳곳에 나타나 있어 법계에 가득하다. 그것을 곧 부처님의 신통이라고 한다. 보리수나무 밑에 앉아 계신다는 것은 항상 깨달음의 자리를 떠나지 않고 있다는 뜻이다.

여래 왕 수 삼 세 행 제 취 윤 회 미 불 경
如來往修三世行에 **諸趣輪廻靡不經**하사

탈 중 생 고 무 유 여 차 묘 음 왕 소 칭 찬
脫衆生苦無有餘하시니 **此妙音王所稱讚**이로다

여래께서 과거 현재 미래에 수행하실 때
육취六趣에 윤회하여 안 간 데 없으사
중생들의 고통을 남김없이 벗어나게 하시니
이것은 묘음[善音] 아수라왕이 칭찬한 바로다.

  부처님의 위대성을 생각하면 결코 한 생이나 두 생이나 아니면 10생, 20생에 이루어진 인격이 아니고 무수한 생을 거듭하면서 이루어진 것이라는 생각이 든다. 그래서 과거 무수한 세월 동안 보살로 수행하실 때 쌓은 보살의 십지十地, 또는 십주十住라는 수행 계위가 등장하게 되었다. 십지가 근본이 되어 십신, 십주, 십행, 십회향, 십지, 등각, 묘각 등등 52위位로까지 발달한 것이다. 그와 같은 수행 계위를 밟아 올라가면서 6취 그 어디엔들 가지 않았겠는가. 그것은 모두 중생들을 고통에서 건지기 위한 자비의 실천이었다.
  또한 일념이 곧 무량겁이라는 원칙에서 생각하면 세존의

6년간의 고행도 52위$_位$뿐만 아니라 520위$_位$와 5200위$_位$와 무량아승지로도 나누어서 설명할 수 있을 것이다.

21. 주주신 대중들의 득법과 게송

1) 득법

부 차 시 현 궁 전 주 주 신　　득 보 입 일 체 세 간 해
復次示現宮殿主晝神은 **得普入一切世間解**
탈 문
脫門하고

다시 또 시현궁전示現宮殿 주주신은 모든 세간에 두루 들어가는 해탈문을 얻었습니다.

주주신主晝神은 낮을 맡아 주관하는 신이라고 해석한다. 그러나 어떤 특정한 존재가 있어서 낮을 좌지우지하는 것은 아니다. 낮을 맡았다고 하는 것은 밤은 밤대로 신이고 낮은 낮내로 신이라는 뜻이다. 낮이 어찌 신에 그치겠는가. 낮의

역할을 알고 보면 낮 그대로가 보살이며, 낮 그대로가 부처님이다. 그 첫째 주주신이 법을 얻은 것은 "일체 세간에 두루 들어가는 해탈문을 얻었다."고 하였다. 그렇다. 세상 어디엔들 낮이 없으랴. 당연히 세상 곳곳에 낮은 다 있다.

發起慧香主晝神은 得普觀察一切衆生하야 皆利益令歡喜滿足解脫門하니라

발기혜향發起慧香 주주신은 일체 중생을 널리 관찰하고 모두 이익되게 하여 환희하고 만족하게 하는 해탈문을 얻었습니다.

낮은 대개 밝다. 일체 중생을 관찰하는 것은 낮과 같이 밝은 지혜라야 가능하다. 낮의 장점은 모든 생명에게 이익을 주고 기쁨을 주는 것이다.

낙 승 장 엄 주 주 신　　득 능 방 무 변 가 애 락 법 광
樂勝莊嚴主晝神은 **得能放無邊可愛樂法光**

명 해 탈 문
明解脫門하니라

　낙승장엄樂勝莊嚴 주주신은 끝없이 사랑스러운 법의 광명을 놓는 해탈문을 얻었습니다.

　길고 긴 밤이 지나고 나서 태양이 밝게 떠오르고 드디어 낮이 시작되면 그 밝은 낮이 얼마나 사랑스러운가. 중생의 미혹이 끝나고 지혜의 빛이 마음으로부터 밝게 빛나서 대낮과 같이 우리의 삶을 환하게 비추는 것을 생각하게 한다.

화 향 묘 광 주 주 신　　득 개 발 무 변 중 생　　청 정
華香妙光主晝神은 **得開發無邊衆生**의 **淸淨**

신 해 심 해 탈 문
信解心解脫門하니라

　화향묘광華香妙光 주주신은 끝없는 중생의 청정한 믿음과 이해하는 마음을 개발하는 해탈문을 얻었습니다.

무량무변한 중생들이 모두 불법에 대한 청정하고 바른 믿음과 이해의 마음을 개발하여 다 같이 부처님으로 받들어 공경하고 존중하여 행복하고 평화롭게 사는 날이 빨리 왔으면 한다.

보집묘약주주신 득적집장엄보광명력해탈문
普集妙藥主晝神은 **得積集莊嚴普光明力解脫門**하니라

보집묘약普集妙藥 주주신은 넓은 광명의 힘을 모아 장엄하는 해탈문을 얻었습니다.

낮은 반드시 광명이 있어 밝다. 사람의 마음이 언제나 대낮처럼 광명으로 빛나야 한다.

낙작희목주주신 득보개오일체고락중생
樂作喜目主晝神은 **得普開悟一切苦樂衆生**하야

개령득법락해탈문
皆令得法樂解脫門하니라

낙작희목樂作喜目 주주신은 모든 고락을 받는 중생들을 널리 깨우쳐서 모두 법의 즐거움을 얻게 하는 해탈문을 얻었습니다.

세상사와 인간사의 고통을 무엇으로 대치할 것인가. 세상사를 세상사로써 다스리는 것은 끝이 없다. 불법의 즐거움으로 대치해야 완전하다. 실로 불법을 만나 크게 깨닫지는 못하더라도 위안이 되고 의지가 되고 믿음이 되어 편안함을 얻고 기쁨을 얻는 사람들이 또한 얼마나 많은가.

관방보현주주신 득시방법계차별신해탈문
觀方普現主晝神은 **得十方法界差別身解脫門**하니라

관방보현觀方普現 주주신은 시방 법계에 차별한 몸의 해탈문을 얻었습니다.

모든 존재는 평등한 면이 있는가 하면 차별한 면도 있다. 온 세상이 각각 다 차별한데 그 차별을 이해하고 차별을 인정하는 것은 반드시 필요한 지혜다.

대비위력주주신_{대비위력주주신} 득구호일체중생_{득구호일체중생} 영안
大悲威力主晝神은 **得救護一切衆生**하야 **令安**
락해탈문
樂解脫門하니라

대비위력大悲威力 주주신은 모든 중생을 구호해서 편안하고 즐겁게 하는 해탈문을 얻었습니다.

보살은 오로지 중생들을 교화해서 편안하고 즐겁게 하려는 마음뿐이다.

선근광조주주신 득보생희족공덕력해탈
善根光照主晝神은 **得普生喜足功德力解脫**
문
門하니라

선근광조善根光照 주주신은 기쁘고 만족한 공덕의 힘을 두루 내는 해탈문을 얻었습니다.

사바세계에서의 삶이란 언제나 슬프고 고통스럽고 힘들고 부족하고 가슴 아픈 일들뿐이다. 그러므로 보살은 언제나 기쁘고 만족한 공덕의 힘을 내도록 한다.

묘화영락주주신　득성칭보문　중생견자
妙華瓔珞主晝神은 **得聲稱普聞**에 **衆生見者**가
개획익해탈문
皆獲益解脫門하니라

묘화영락妙華瓔珞 주주신은 명성이 널리 들려 중생들이 보고는 다 이익을 얻는 해탈문을 얻었습니다.

명불허전名不虛傳이라는 말이 있다. 수행이 깊고 지혜와 지식이 많고 덕화가 널리 퍼져 그 이름만 들어도 감동하는 경우가 있다. 나옹(懶翁, 1320~1376)선사의 축원문에는 이런 말이 있다. "내 이름을 듣는 이는 삼도의 고통을 면하고 내 모습

을 보는 이는 해탈을 얻어지이다."[10] 한국의 승가에서는 새벽마다 예불 끝에 이와 같은 축원을 한다.

2) 게송

爾時_에 示現宮殿主晝神_이 承佛威力_{하사} 普觀一切主晝神衆_{하고} 而說頌言_{하니라}

그때에 시현궁전示現宮殿 주주신이 부처님의 위신력을 받들어 모든 주주신 대중들을 두루 살펴보고 게송으로 말하였습니다.

佛智如空無有盡_{하사} 光明照耀徧十方_{하시며}

衆生心行悉了知_{하사} 一切世間無不入_{이로다}

---

10) 聞我名者免三途 見我形者得解脫.

부처님의 지혜는 허공과 같아서 다함이 없어
광명이 두루 비쳐 시방에 가득하시며
중생들의 마음을 모두 아시고
일체 세간에 다 들어가시네.

부처님의 지혜는 팔만장경의 가르침으로 표현할 수도 있다. 허공이 어디든 다 스며 있듯이 진리의 가르침은 세상사 어디에도 다 해당된다. 중생들이 하는 일마다, 쓰는 마음마다 적용되지 않는 것이 없다. 그래서 "중생들의 마음을 모두 아시고 일체 세간에 다 들어가신다."고 하였다.

지 제 중 생 심 소 락
知諸衆生心所樂하사

여 응 위 설 중 법 해
如應爲說衆法海하사대

구 의 광 대 각 부 동
句義廣大各不同하니

구 족 혜 신 능 실 견
具足慧神能悉見이로다

모든 중생의 마음에 즐기는 것을 아사
알맞게 온갖 법의 바다를 설하시되
구절과 뜻들이 광대하여 각각 다르니
구족혜[發起慧香] 주주신이 능히 다 보았네.

부처님은 중생들의 마음에 즐기는 바와 욕망과 성품과 업력과 취향과 현재 마음의 변화까지 일일이 다 알아서 그것에 알맞게 맞추어 설하신다. 그러므로 구절마다 그 뜻이 다 다르다.

불 방 광 명 조 세 간
佛放光明照世間이여

견 문 환 희 부 당 연
見聞歡喜不唐捐이라

시 기 심 광 적 멸 처
示其深廣寂滅處하시니

차 락 장 엄 심 오 해
此樂莊嚴心悟解로다

부처님이 광명을 놓아 세간을 비추심이여
보고 듣고 환희하여 헛되지 않게 하네.
깊고 넓고 적멸한 곳을 보이시니
이것은 낙승장엄 주주신이 마음에 깨달았네.

어떤 이유에서 불교를 만났든 혹은 어떤 인연으로 불교를 만났든 불교를 만난 사람들은 불교라는 거대한 세계에서 무엇인가 소득이 있게 마련이다. 참선을 하든, 위빠사나를 하든, 호흡법을 하든, 경전을 보든, 염불을 하든, 주문을 외든, 미술이나 조각이나 음악이나 어떤 예술 분야에서든 모두 나름대로의 소득을 얻는다. 심지어 절에 취직을 하든, 상업을 하든, 절에 와서 샘물을 길어 가든, 구걸을 하든, 일체중생에게 모두모두 이익이 있어 헛되지 않다. 이 모두가 부처님의 광명이 세간을 두루두루 비추는 일이다. 그러나 그 가운데서 제일은 적멸한 법을 깨닫는 것이다. 법화경에서도 "모든 법은 본래부터 항상 적멸한 모습이다. 불자가 이러한 이치를 행하고 나면 내세에 부처가 되리라."[11]라고 하였다.

불 우 법 우 무 변 량
佛雨法雨無邊量하사

능 영 견 자 대 환 희
能令見者大歡喜케하시니

최 승 선 근 종 차 생
最勝善根從此生이라

여 시 묘 광 심 소 오
如是妙光心所悟로다

부처님이 법의 비를 한량없이 내리사
보는 이를 크게 기쁘게 하시니
가장 훌륭한 선근善根이 여기에서 생김이라.
이러한 것은 화향묘광 주주신이 마음에 깨달았네.

---

11) 諸法從本來 常自寂滅相 佛子行道已 來世得作佛.

부처님이 설하신 바른 법을 정직하게 정성을 다하여 남에게 전해 주면 듣는 사람은 반드시 감동하게 된다. 환희심이 저절로 나게 된다. 왜냐하면 부처님의 바른 가르침에는 언제나 가장 수승한 선근과 길상한 일이 발생하기 때문이다.

보 입 법 문 개 오 력
普入法門開悟力과

광 겁 수 지 실 청 정
曠劫修持悉淸淨은

여 시 개 위 섭 중 생
如是皆爲攝衆生이라

차 묘 약 신 지 소 료
此妙藥神之所了로다

법문에 널리 들어가서 깨달은 힘과
오랜 겁을 닦아 지녀 다 청정하게 한 것은
이러한 것은 모두 중생들을 거두기 위함이라.
이것은 보집묘약 주주신이 깨달은 것이로다.

선불교에는 '보임保任'이라는 말이 있다. '보림'이라고도 한다. '보임'은 '보호임지保護任持'의 준말로서 '찾은 본성을 잘 보호하여 지킨다.'는 뜻이다. 불교의 해탈 방법은 단번에 궁극적인 본성을 깨닫는 돈오頓悟와 점차적인 수행 단계를 거

처 오랜 기간의 수행 끝에 부처가 되는 점수漸修의 두 가지로 나누어진다. 특히 선종은 돈오와 점수 가운데 돈오를 중요시하였다. 돈오한 뒤에 점수의 수행이 필요하다고 하는 돈오점수설頓悟漸修說과 돈오하는 것 자체가 점수까지를 모두 끝마쳤으므로 더 이상의 수행이 필요하지 않다는 돈오돈수설頓悟頓修說로 나누어져서 커다란 논쟁을 불러일으켰다. 따라서 돈오돈수설에 입각하면 견성한 뒤에 보임이라는 수행과정이 필요하지 않지만, 돈오점수설에 의하면 반드시 보임의 과정을 거쳐야 한다. 우리나라에서는 전통적으로 돈오점수설을 채택하여 견성한 뒤에는 반드시 보임을 하도록 되어 있다. 참선 수행뿐만 아니라 어떤 분야든 어떤 일의 내용을 깨달았어도 그것이 자신에게 푹 익어지도록 하기 위해서는 잘 보호하고 연마하여 지녀야 한다. 위의 화엄경 구절은 부처님의 이와 같은 수행도 모두 중생들을 섭수하기 위함이라고 하였다.

종종방편화군생　　　　약견약문함수익
種種方便化群生이어　　**若見若聞咸受益**이라

개령용약대환희　　　　묘안주신여시견
皆令踊躍大歡喜케하시니　**妙眼晝神如是見**이로다

갖가지 방편으로 중생들을 교화함이여

보는 이나 듣는 이가 다 이익을 받아

모두 다 기뻐 뛰며 크게 환희하게 하니

낙작희목[妙眼] 주주신이 이와 같이 보았네.

부처님의 교화 방편은 참으로 여러 가지다. 시대와 지역과 민족에 따라 무수히 많이 개발되고 발전되었다. 앞으로도 시대의 변화에 따라 알맞은 방편이 또 개발될 것이다. 그 많은 방편을 통해 중생들은 근기에 따라 보는 대로 듣는 대로 다 이익을 얻는다. 이익을 얻는 대로 모두 기뻐한다.

십력응현변세간　　　　시방법계실무여
十力應現徧世間하사　　**十方法界悉無餘**하사대

체성비무역비유　　　　차관방신지소입
體性非無亦非有니　　**此觀方神之所入**이로다

열 가지 힘을 나타내어 세간에 두루 하사
시방 법계 어디에도 남김이 없으나
체성體性은 없지도 않고 또한 있지도 않으니
이것은 관방보현 주주신이 들어간 것이로다.

부처님의 능력과 자비와 지혜를 표현할 때 여러 가지 이름을 들어 나타낸다. 그래서 여래십호如來十號가 있게 되었다. 또 화엄경에서는 종종 여래의 십력十力으로 나타내기도 한다. 그 십력이란 ① 처비처지력處非處智力: 도리와 이치가 옳고 그른 것을 다 아는 지혜의 힘 ② 업이숙지력業異熟智力: 일체 중생의 삼세 업보를 다 아는 지혜의 힘 ③ 정려해탈등지등지지력靜慮解脫等持等至智力: 여러 가지 선정과 해탈과 삼매를 다 아는 지혜의 힘 ④ 근상하지력根上下智力: 중생들의 근기가 높고 낮음을 다 아는 지혜의 힘 ⑤ 종종승해지력種種勝解智力: 중생의 여러 가지 지해知解를 아는 지혜의 힘 ⑥ 종종계지력種種界智力: 중생들의 여러 가지 경계를 다 아는 지혜의 힘 ⑦ 변취행지력徧趣行智力: 여러 가지 행업行業으로 어디에 가서 나게 되는 것을 다 아는 지혜의 힘 ⑧ 숙주수념지력宿住隨念智力:

숙명통으로 중생의 가지가지 숙명을 다 아는 지혜의 힘 ⑨ 사생지력死生智力: 천안통으로 중생이 죽어서 태어날 때와 선한 곳과 악한 곳을 걸림 없이 다 아는 지혜의 힘 ⑩ 누진지력漏盡智力: 온갖 번뇌와 습기를 영원히 끊어 없애는 지혜의 힘 등이다.

이러한 힘을 시방세계에 남김없이 다 나타내지만 그 실체는 있는 것도 아니고 없는 것도 아니다. 다시 말해서 열 가지 힘이 존재하기는 하되 중도적으로 존재하기 때문이다. 부처님의 십력뿐만 아니라 사람의 육신과 마음과 천지만물이 실은 다 같이 중도적으로 존재한다.

중생유전험난중
衆生流轉險難中에

여래애민출세간
如來哀愍出世間하사

실령제멸일체고
悉令除滅一切苦하시니

차해탈문비력주
此解脫門悲力住로다

중생들이 험난한 곳을 흘러 다니거늘

여래가 불쌍히 여겨 세간에 오셔서

모든 고통을 다 소멸하게 하시니

이 해탈문은 대비위력 주주신이 머물렀도다.

여래가 세상에 오신 것은 중생들이 험난한 곳을 흘러 다니면서 온갖 고통을 받고 있기 때문이다. 그들을 모두 건지어 편안하게 해 주고자 하는 마음에서 세상에 출현하셨다.

중생암부윤영석
衆生闇覆淪永夕이어늘
불위설법대개효
佛爲說法大開曉하사

개사득낙제중고
皆使得樂除衆苦하시니
대선광신입차문
大善光神入此門이로다

중생이 어두움에 덮여 긴 밤에 빠져 있거늘
부처님이 법을 설해 크게 깨우치사
모두 다 낙을 얻고 고통을 제하게 하시니
선근광조[大善光] 주주신이 이 문에 들어갔네.

중생들의 삶이란 성인이 가르치지 않고 그대로 두면 그야말로 야만인 그대로다. 윤리 도덕도 없고 예의범절도 없었을 것이다. 사람의 그 값지고 소중한 가치에 대해서는 더욱 몰랐을 것이다. 사람이 그대로 부처님이라는 사실을 어떻게 알았겠는가. 그래서 부처님은 스스로 그것을 깨닫고 다시 중생들에게 법을 설해서 깨우치신 것이다.

여래 복 량 동 허 공
如來福量同虛空이여

세 간 중 복 실 종 생
世間衆福悉從生이라

범 유 소 작 무 공 과
凡有所作無空過하시니

여 시 해 탈 화 영 득
如是解脫華纓得이로다

여래의 복은 그 양이 허공과 같아서
세간의 모든 복이 그곳에서 남[生]이라
온갖 짓는 일이 헛되게 되지 않으니
이러한 해탈은 묘화영락 주주신이 얻었도다.

허공과 같이 많고 많은 세상의 복이 모두 있는 곳은 어디일까? 마음 여래며 사람 여래가 바로 그곳이다. 마음이 여래라는 사실을 알면 곧 그 많은 복을 알게 되고, 사람이 여래라는 사실을 알게 되면 그 많은 복을 능히 수용하리라.

22. 주야신 대중들의 득법과 게송

1) 득법

부 차 보 덕 정 광 주 야 신   득 적 정 선 정 락 대 용
復次普德淨光主夜神은 **得寂靜禪定樂大勇**
건 해 탈 문
健解脫門하고

다시 또 보덕정광普德淨光 주야신은 고요한 선정의 즐거움에서 크게 용맹한 해탈문을 얻었습니다.

화엄회상 대중 중에 주야신主夜神이 등장하였다. 주야신이란 밤을 맡아서 밤을 주관하는 신이라는 뜻이다. 실은 밤이라는 그 자체가 곧 신이며 보살이며 부처님이다. 밤의 역할과 밤의 공능을 생각해 보라. 일체 생명이 밤이 없으면 어떻게 되겠는가. 사람이나 모든 생명체들의 생활에서 밤이 갖는 의미는 실로 무한하다. 고요하다, 휴식한다, 힘을 축적한다, 깊이 사유한다, 잠을 잔다 등등. 이러한 것들은 또한 낮의 기능과 활동을 더욱 원활하게 하는 기본이 된다. 그러므로 첫 번째 주야신은 "고요한 선성의 즐거움에서 크게 용

맹하게 된다."는 의미를 밝혔다.

희안관세주야신   득광대청정가애락공덕
喜眼觀世主夜神은 **得廣大淸淨可愛樂功德**
상 해 탈 문
相解脫門하니라

  희안관세喜眼觀世 주야신은 광대하고 청정하며 사랑스러운 공덕의 모양인 해탈문을 얻었습니다.

  불심佛心이라는 낱말에는 불교에서 생각하는 가장 훌륭한 마음씨와 마음 작용이 다 들어 있다. 부처님의 마음과 보살의 마음과 선지식의 마음과 도인의 마음과 큰스님의 마음 등등이 다 들어 있다. 그것이 "광대하고 청정하며 사랑스러운 공덕"이다. 다시 말하면 지혜의 마음과 자비의 마음과 용서의 마음과 하심下心의 마음과 배려의 마음과 사양의 마음과 겸손의 마음과 다른 이를 어여삐 여기고 불쌍히 여기는 마음 등등 훌륭한 마음은 다 들어 있는 말이 불심이다. 그래서 기쁨의 눈으로 세상을 바라보는 주야신이다.

호세정기주야신　　　　 득보현세간　　　 조복중생
護世精氣主夜神은 **得普現世間**하야 **調伏衆生**

해탈문
解脫門하니라

　호세정기護世精氣 주야신은 세간에 두루 나타나서 중생들을 조복하는 해탈문을 얻었습니다.

　이곳 주야신의 이름은 호세정기護世精氣 주야신이다. 즉 낮 동안 사농공상士農工商에서 생업을 위하여 정진하다가 밤이 되면 피로하고 힘이 소진하여진 것을 휴식을 통해 잘 쉬면서 정기를 보호하고 다시 축적하는 기간이라는 뜻이다. 그러므로 밤은 얼마나 값지고 소중한가. 화엄성중들 하나하나의 이름에서 큰 교훈과 깨달음이 있어야 할 것이다. 화엄성중華嚴聖衆, 세상을 꽃으로 아름답게 장엄한 성스러운 대중들이 아니던가.

적정해음주야신　　　 득적집광대환희심해탈
寂靜海音主夜神은 **得積集廣大歡喜心解脫**

門하니라

적정해음寂靜海音 주야신은 광대한 환희심을 모으는 해탈문을 얻었습니다.

화엄의 안목으로 보면 이 세상은 참으로 아름답고 훌륭한 곳이다. 온갖 금은보화로 장엄되어 있는 곳이다. 사람은 그곳에서 기쁨과 즐거움을 찾아 누리면 된다. 다만 깨어 있는 눈으로 존재의 실상을 잘 관찰하여야 한다. 존재의 실상을 잘 관찰하면 슬플 일도 없고 고통스러울 일도 없다.

普現吉祥主夜神은 得甚深自在悅意言音解脫門하니라

보현길상普現吉祥 주야신은 매우 깊고 자재하여 마음을 즐겁게 하는 말씀의 해탈문을 얻었습니다.

길상吉祥한 일을 널리 나타내는 주야신이다. 길상에는 가조佳兆, 경조慶兆, 길서吉瑞, 길조吉兆, 길징吉徵, 상부祥符, 휴조休兆, 휴징休徵 등등의 뜻이 있다. 아주 좋은 일이 일어날 징조나 조짐을 뜻한다. 세상 사람들이 다 바라는 바다. 그래서 부처님 앞에 축원을 올리는 중심 뜻이다.

보발수화주야신 득광명만족 광대환희
普發樹華主夜神은 **得光明滿足**한 **廣大歡喜**
장해탈문
藏解脫門하니라

보발수화普發樹華 주야신은 광명이 만족하여 광대한 환희의 창고인 해탈문을 얻었습니다.

불교에서 광명이란 곧 깨달음의 지혜를 이르는 말이다. 그와 같은 광명이 만족하다면 그 인생은 반드시 기쁨으로 충만한 삶이리라.

평등 호 육 주 야 신   득 개 오 중 생   영 성 숙 선
平等護育主夜神은 **得開悟衆生**하야 **令成熟善**

근 해 탈 문
根解脫門하나라

평등호육平等護育 주야신은 중생을 깨우쳐서 선근을 성숙케 하는 해탈문을 얻었습니다.

불교가 사람들에게 무엇을 가르칠 것인가. 불심佛心을 가져서 정직하고 선한 일을 많이 하라고 가르친다. 남을 돕는 일을 많이 하라고 가르친다. 어렵고 불쌍한 사람들을 열심히 도우라고 가르친다. 구세대비救世大悲가 불교가 아니던가.

유 희 쾌 락 주 야 신   득 구 호 중 생 무 변 자 해 탈
遊戱快樂主夜神은 **得救護衆生無邊慈解脫**

문
門하나라

유희쾌락遊戱快樂 주야신은 중생을 구호하는 끝없는 자비의 해탈문을 얻었습니다.

"중생을 구호하는 끝없는 자비." 이 얼마나 필요하고 중요한 말인가. 불교가 오늘날 사회로부터 크게 환영받지 못하는 이유는 바로 이 중요한 점을 망각하고 깨달음 지상주의로 나가고 있기 때문이다.

諸根常喜主夜神은 得普現莊嚴大悲門解脫門하니라

제근상회諸根常喜 주야신은 장엄을 널리 나타내는 큰 자비문의 해탈문을 얻었습니다.

세상을 아름답게 장엄한다는 것은 보살행으로 세상의 어려움과 고통을 건지는 행위이다. 꽃으로 세상을 아름답게 장엄한다는 화엄이라는 말도 바로 이러한 뜻이다.

시 현 정 복 주 야 신　　 득 보 사 일 체 중 생　　　소 락
示現淨福主夜神은 **得普使一切衆生**으로 **所樂**

만 족 해 탈 문
滿足解脫門하니라

시현정복示現淨福 주야신은 일체 중생으로 하여금 즐거움을 널리 만족케 하는 해탈문을 얻었습니다.

불교의 가르침은 궁극적으로 모든 중생들로 하여금 행복을 누리게 하는 것이다. 편안하고 즐겁게 살도록 하는 것이다. 이와 같은 근본 종지宗旨를 망각하면 아무리 고준한 담설을 논하더라도 그것은 불교가 아니다.

2) 게송

이 시　　보 덕 정 광 주 야 신　　승 불 위 력　　　변 관
爾時에 **普德淨光主夜神**이 **承佛威力**하사 **徧觀**

일 체 주 야 신 중　　　이 설 송 언
一切主夜神衆하고 **而說頌言**하사대

그때에 보덕정광普德淨光 주야신이 부처님의 위신력을

받들어 모든 주야신 대중들을 두루 살펴보고 게송으로 말하였습니다.

여등응관불소행
汝等應觀佛所行하라

광대적정허공상
廣大寂靜虛空相이시니

욕해무애실치정
欲海無涯悉治淨하사

이구단엄조시방
離垢端嚴照十方이로다

그대들은 마땅히 부처님의 행하신 바를 관찰하라.
넓고 크고 고요한 허공의 모습이시니
끝없는 욕망의 바다를 다 다스려 깨끗이 하시니
때가 없고 단엄端嚴하여 시방을 비추시네.

부처님은 평생을 통해서 그렇게 많은 수행을 하시고, 그렇게 많은 중생들을 교화하시고, 끝없는 욕망의 바다를 다 다스려 깨끗이 하시고, 그렇게 큰 업적을 남기셨다. 그러나 실상은 고요한 허공의 모습이시다. 텅 빈 가운데서 큰 작용을 일으켰으며, 큰 작용을 일으켰어도 항상 텅 비어 있는 것이 부처님의 실상이시다.

일체세간함락견　　　무량겁해시일우
一切世間咸樂見이어　　**無量劫海時一遇**라

대비염물미부주　　　차해탈문관세도
大悲念物靡不周하시니　**此解脫門觀世覩**로다

모든 세간이 다 보기를 즐겨하지만

한량없는 겁 동안에 한 번 만남이라

큰 자비로 중생들을 두루 걱정하시니

이 해탈문은 회안관세 주야신이 보았도다.

　우리가 부처님 부처님 하지만 진정으로 부처님을 만났는가. 부처님은 스스로 말씀하시기를 "나를 보는 자는 법을 보고 법을 보는 자는 나를 본다."라고 하셨다. 부처님이란 곧 법이다. 법이 곧 부처님이다. 법과 부처님을 분리해서 생각할 수 없다. 그러므로 한량없는 겁 동안에 한 번 만난다고 한 것이다.

도사구호제세간　　　중생실견재기전
導師救護諸世間이어　　**衆生悉見在其前**하야

능 령 제 취 개 청 정　　　　여 시 호 세 능 관 찰
能令諸趣皆淸淨케하시니 **如是護世能觀察**이로다

도사導師께서 모든 세간을 구호하심이여
중생들이 그 앞에 있음을 다 보도다.
모든 갈래 중생들을 다 청정하게 하시니
이러한 것은 호세정기 주야신이 관찰하였네.

 부처님이 교화하기 위해서 상대하는 중생은 언제나 6취趣 중생들이다. 지옥처럼 사는 중생과 아귀처럼 사는 중생과 축생처럼 사는 중생과 인간으로 사는 중생과 천신처럼 사는 중생과 아수라처럼 사는 중생들이다. 그 모든 이들 앞에 부처님은 진리의 가르침으로 나타나 있다.

불 석 수 치 환 희 해　　　　광 대 무 변 불 가 측
佛昔修治歡喜海여 **廣大無邊不可測**이라
시 고 견 자 함 흔 락　　　　차 시 적 음 지 소 요
是故見者咸欣樂하니 **此是寂音之所了**로다

부처님이 옛적에 닦으신 환희의 바다여
광대하고 무변하여 측량할 수 없네.

그러므로 보는 이가 다 기뻐하고 즐겨하니
이것은 적정음해 주야신이 깨달은 바로다.

부처님의 과거의 수행을 환희의 바다라고 하였다. 뼈아프고 쓰디쓴 고행이 아니었다. 부처님은 스스로 중도中道를 닦았다고 하였다. 그런데 많은 사람들은 뼈아프고 쓰디쓴 고행을 닦았다고 오해하고 있다. 부처님이 진리의 가르침으로 우리들 중생을 기쁘고 환희롭게 하신 것이 그 증거다.

여래 경계 불 가 량
如來境界不可量이라

적 이 능 연 변 시 방
寂而能演徧十方하사

보 사 중 생 의 청 정
普使衆生意淸淨케하시니

시 리 야 신 문 용 열
尸利夜神聞踊悅이로다

여래의 경계는 헤아릴 수 없음이라.
고요하지만 또한 시방세계에 두루 소통하시어
중생들의 마음을 다 청정케 하시니
보현길상[尸利] 주야신이 듣고는 뛸 듯이 기뻐하네.

여래는 곧 진리 그 자체이다. 진리이기 때문에 없는 곳이 없으며 소통하지 않는 곳이 없다. 육조 혜능대사는 "도道는 통류通流다."라고 하였다. 그래서 고요하지만 시방세계에 두루 소통한다. 이러한 이치를 아는 중생들의 마음은 모두 텅 비어 청정해진다.

> 불 어 무 복 중 생 중
> **佛於無福衆生中**에 　　**大福莊嚴甚威耀**하사
> 시 피 이 진 적 멸 법
> **示彼離塵寂滅法**하시니 **普發華神悟斯道**로다

부처님은 복이 없는 중생들 가운데서
큰 복으로 장엄하여 매우 위엄 있고 빛나시다.
그들에게 번뇌를 떠난 적멸한 법을 보이시니
보발수화 주야신이 이 도를 깨달았네.

복이란 누구나 지은 대로 받는 것이다. 중생들은 복이 없고 부처님은 많다. 어찌하여 부처님은 그토록 많은 복을 지었는가. 부처님은 평생을 동해서 밥 한 그릇 베푼 적이 없으

며, 단돈 1만원도 보시한 적이 없다. 그렇다면 무엇으로 복을 지었는가. 오로지 법을 보시하였다. 법을 보시한 그 복이 그토록 넘쳐난다. 통도사와 해인사와 송광사 등등 전국의 그 많은 큰 사찰들이 모두 부처님의 재산이 아니던가. 심지어 무당들도 부처님만 모셔 두면 구멍가게에서도 굶지 않고 다 잘 먹고 산다. 법을 보시하면 법의 과보도 얻지만 경제적 공덕도 따라서 돌아온다. 법을 보시한 공덕이 이와 같다.

시방 보현 대 신통
十方普現大神通하사

일체 중생 실 조 복
一切衆生悉調伏하사대

종 종 색 상 개 영 견
種種色相皆令見케하시니

차 호 육 신 지 소 관
此護育神之所觀이로다

시방에 큰 신통을 널리 나타내사
모든 중생을 다 조복하시며
온갖 색상들을 다 보게 하시니
이러한 것은 평등호육 주야신이 본 바니라.

시작도 없고 끝도 없이 보고 듣는 신통이 온 시방에 널리 나타난다. 온갖 번뇌 온갖 망상 다 조복하고 갖가지 색상들을 다 보게 한다.

    여 래 왕 석 염 념 중   실 정 방 편 자 비 해
    如來往昔念念中에   **悉淨方便慈悲海**하사
    구 호 세 간 무 불 변   차 복 락 신 지 해 탈
    救護世間無不徧하시니   **此福樂神之解脫**이로다

여래께서 지난 옛적 순간순간에
방편과 자비의 바다를 다 청정하게 하사
세간을 두루두루 다 구호하시니
이것은 유희쾌락 주야신의 해탈이로다.

사람마다 지난 세월이 있다. 그 지난 세월이 지금의 나 자신이다. 지금의 나 자신이 곧 미래의 자신이 된다. 그 지난 세월 동안 무엇을 하였으며, 미래를 위해 지금의 나 자신은 무엇을 하는가. 여래는 그 지난 세월 동안 중생들을 교화하기 위해서 방편과 자비를 훌륭하게 수행하셨다. 그래서 지금 우리들에게 그와 같은 여래로 계신다.

중생우치상난탁　　　기심견독심가외
衆生愚癡常亂濁하야　**其心堅毒甚可畏**어늘

여래자민위출흥　　　차멸원신능오희
如來慈愍爲出興하시니　**此滅冤神能悟喜**로다

중생이 어리석어 항상 어지럽고 혼탁하여
그 마음이 견고한 독기에 맞아 심히 두렵거늘
여래가 불쌍히 여겨 출현하시니
이것은 제근상희[滅冤] 주야신이 깨닫고 기뻐하네.

　중생들의 삶은 어리석고 어지럽고 혼탁하다. 그 마음은 사견邪見이라는 견고한 독기에 맞아 회생이 어려울 정도로 두려운 상태가 되어 있다. 실로 어떤 경우의 사람을 보면 도저히 회생의 기미가 안 보일 정도로 삿된 소견에 빠져 있다. 차라리 독약은 금생의 목숨만 앗아 가지만 삿된 소견은 세세생생 상속하여 빠져나올 기약이 없다. 여래께서 그와 같은 사실을 환하게 알고 계시다면 얼마나 가슴 아파하실까.

불석수행위중생	일체원욕개영만
佛昔修行爲衆生하사	**一切願欲皆令滿**이실새
유시구성공덕상	차현복신지소견
由是具成功德相하시니	**此現福神之所見**이로다

부처님이 옛적에 중생을 위해 수행하사
모든 원력을 다 원만히 하였네.
이로 인해 공덕상호를 온전히 성취하시니
이것은 시현정복 주야신이 본 바로다.

   부처님의 상호는 사람이 상상할 수 있는 한계에서는 가장 훌륭한 모습으로 조각이 되고 그림이 그려졌다. 그러나 살아 있는 사람에게서 풍기는 그 깊고 높은 덕화의 향기는 그려 내지 못하였다. 32상相과 80종호種好라고 하지 않던가. 심지어 술에 취한 코끼리마저 감동하여 온순해졌다는 그 깊고 높은 덕화를 어찌 표현하겠는가. 이와 같은 공덕 상호는 모두 중생을 위한 사랑과 원력의 마음에서 성취된 것이다.

23. 주방신 대중들의 득법과 게송

1) 득법

부차변주일체주방신 득보구호력해탈문
復次徧住一切主方神은 **得普救護力解脫門**
하니라

다시 또 변주일체徧住一切 주방신은 널리 구호하는 힘의 해탈문을 얻었습니다.

주방신主方神이란 사방, 팔방, 시방, 방위, 방향, 장소 등을 뜻한다. 누구든 어떤 사물이든 모두 그 모습이 잠깐만이라도 존재하는 동안은 스스로 방향이나 방위나 장소를 유지하게 된다. 그 방향이나 방위나 장소는 그 자체가 신이며, 보살이며, 부처님이다. 모든 존재의 방위나 방향이나 장소의 중요성을 생각한다면 충분히 이해되리라 생각한다. 첫 번째 주방신이 변주일체徧住一切 주방신이다. 즉 모든 곳에 두루두루 머문다는 뜻이다. 방향이나 방위나 장소는 어느 땅 어느 장소 등 해당되지 않는 곳이 없다. 지구든 저 먼 하늘 어느 위성이든 모두 그 방위와 방향과 장소가 있기 때문이다. 그러므로 모든 사람이나 사물은 그가 반드시 그 시간에 있어야 할 그곳에 있어야 할 것이다.

보현광명주방신　득성판화일체중생신통
普現光明主方神은 **得成辨化一切衆生神通**
업해탈문
業解脫門하니라

보현광명普現光明 주방신은 모든 중생을 교화하는 신통의 업을 마련하는 해탈문을 얻었습니다.

바른 생각은 아니지만 가끔은 사람들을 절복시킬 수 있는 초능력적인 신통이라도 있었으면 하는 생각이 들 때가 있다. 다만 진정으로 일체 중생을 교화하기 위함이라면 어떤 방편도 가능하지 않겠는가.

광행장엄주방신　득파일체암장　생희락
光行莊嚴主方神은 **得破一切闇障**하야 **生喜樂**

대광명해탈문
大光明解脫門하니라

광행장엄光行莊嚴 주방신은 일체 어두운 장애를 깨뜨려서 기쁘고 즐거운 큰 광명을 내는 해탈문을 얻었습니다.

광명이 나타나면 어두움은 저절로 사라진다. 지혜가 드러나면 어리석음 역시 저절로 사라진다. 어두움도 본래 없고 어리석음도 본래 없기 때문이다.

주행불애주방신   득보현일체처당노해탈
周行不礙主方神은 **得普現一切處唐勞解脫**
문
門하니라

주행불애周行不礙 주방신은 여러 곳에 널리 나타나되 헛되이 수고하지 않는 해탈문을 얻었습니다.

한 시간의 노력이나 하루의 노력이나 그 노력이 헛되지 않고 자신에게나 남에게나 도움이 되고 이익이 되어야 한다.

그것도 또한 지혜로울 때 가능한 일이다.

永斷迷惑主方神은 得示現等一切衆生數名
號하야 發生功德解脫門하니라

영단미혹永斷迷惑 주방신은 모든 중생의 수와 같은 이름을 나타내 보여서 공덕을 발생하는 해탈문을 얻었습니다.

아무리 하찮은 중생이라 하더라도 그 중생은 모두 이름이 있고 존재가 있고 그 가치가 있다. 따라서 그 나름대로의 공덕이 있고 삶이 있다. 이러한 사실을 알고 함께 인정하고 위해 주면서 살아가는 일이 영원히 의혹을 끊는 길이다.

徧遊淨空主方神은 得恒發妙音하야 令聽者로
皆歡喜解脫門하니라

변유정공偏遊淨空 주방신은 항상 미묘한 소리를 내어서 듣는 이를 다 기쁘게 하는 해탈문을 얻었습니다.

미묘한 소리란 진리의 소리며 법을 설하는 소리를 뜻한다. 부처님 진리의 가르침을 들으면 모두 마음이 열리고 환희심이 우러나는 것을 밝혔다.

운당대음주방신   득여용보우   영중생환
雲幢大音主方神은 **得如龍普雨**하야 **令衆生歡**
희해탈문
喜解脫門하고

운당대음雲幢大音 주방신은 마치 용이 비를 내리듯이 중생들로 하여금 환희하게 하는 해탈문을 얻었습니다.

어디를 가서 누구를 만나든 만나는 사람마다 모두 환희하게 하는 것이 진정으로 보살이 해야 할 바다.

계 목 무 난 주 방 신 　　득 시 현 일 체 중 생 업 무 차
髻目無亂主方神은 **得示現一切衆生業無差**

별 자 재 력 해 탈 문
別自在力解脫門하니라

계목무난髻目無亂 주방신은 일체 중생의 업이 차별이 없음을 나타내는 자재한 힘의 해탈문을 얻었습니다.

일체 중생의 업이 차별이 없음이란 모든 업의 공성空性을 뜻한다. 아무리 업이 산처럼 크고 무겁더라도 그 본성은 텅 비어 공한 것이다. '죄무자성종심기罪無自性從心起'라고 하였다. 죄업이란 그 자성이 텅 비어 없는 것이며 다만 마음으로부터 잠깐 일어난 것일 뿐이다.

보 관 세 업 주 방 신 　　득 관 찰 일 체 취 생 중 종 종
普觀世業主方神은 **得觀察一切趣生中種種**

업 해 탈 문
業解脫門하니라

보관세업普觀世業 주방신은 모든 갈래의 중생들 중에

서 갖가지 업을 관찰하는 해탈문을 얻었습니다.

모든 갈래의 중생들이란 육취六趣 중생을 뜻한다. 같은 사람이라 하더라도 사람마다의 업이 얼마나 다른가. 살다 보면 참으로 업도 가지가지임을 절실히 느낀다. 보살은 중생 교화를 위해서 각자 다른 업을 잘 관찰하여야 한다. 상대의 업을 모르고 고준한 정법만을 설해 봐야 서로에게 도움이 되지 않는다.

周徧遊覽主方神은 **得所作事**를 **皆究竟**하야 生
一切衆生歡喜解脫門하니라

주변유람周徧遊覽 주방신은 하는 일을 다 끝맺어서 일체 중생을 기쁘게 하는 해탈문을 얻었습니다.

무슨 일이든지 하던 일을 끝낸다는 것은 기쁜 일이다. 반대로 중요한 일을 시작해 두고 어떤 이유에서든지 끝내지 못하면 마음이 편치 않다. 이 대방광불화엄경 강설을 쓰는 일도 반드시 끝내고 나서 그 기쁨을 많은 사람들과 함께 하고 싶다.

2) 게송

爾時_에 徧住一切主方神_이 承佛威力_{하사} 普觀一切主方神衆_{하고} 而說頌言_{하사대}

그때에 변주일체徧住一切 주방신이 부처님의 위신력을 받들어 모든 주방신 대중들을 두루 살펴보고 게송으로 말하였습니다.

如來自在出世間_{하사} 教化一切諸群生_{하사대}
普示法門令悟入_{하사} 悉使當成無上智_{로다}

여래께서 자재하게 세간에 출현하사
일체 모든 중생들을 교화하시며
법문을 널리 보여 깨닫게 하시고
가장 높은 지혜를 다 마땅히 이루게 하시네.

부처님께서 세상에 출현하시어 법문을 널리 설하여 일체 중생을 교화하신다. 그 교화의 내용이란 가장 높은 깨달음의 지혜를 반드시 성취하게 하는 것이다. 불교는 깨달음의 지혜를 가장 우선으로 하는 종교이다.

신통무량등중생
神通無量等衆生하사

수기소락시제상
隨其所樂示諸相하시니

견자개몽출리고
見者皆蒙出離苦라

차현광신해탈력
此現光神解脫力이로다

신통이 한량없어 중생과 같으사
즐기는 바를 따라 여러 모양 보이시니
보는 이는 모두 다 고통에서 벗어나네.
이것은 보현광명 주방신의 해탈한 힘이로다.

부처님이 설하신 진리의 가르침은 곧 신통이다. 그 신통은 다양한 중생들의 성향에 다 맞추어서 좋아하는 바대로 여러 가지 모습으로 설법하고 보여주신다. 세상에 펼쳐져 있는 불교가 얼마나 다양한가. 참으로 신통이 아닐 수 없다. 궁극의 목적은 모두가 이고득락離苦得樂이다.

  불어암장중생해　　　　위현법거대광명
  佛於闇障衆生海에　　　**爲現法炬大光明**하시니

  기광보조무불견　　　　차행장엄지해탈
  其光普照無不見이라　　**此行莊嚴之解脫**이로다

부처님이 어둡고 막혀 있는 중생의 바다에서
법의 횃불로 큰 광명을 놓으시니
그 빛이 널리 비쳐 모두가 보는지라
이것은 광행장엄 주방신의 해탈이로다.

중생들의 삶이란 대개가 캄캄하고 꽉 막혀 있어서 살아가는 데 장애만 있을 뿐이다. 그것은 지혜의 빛이 없기 때문이다. 그러므로 부처님이 법의 횃불로 큰 광명을 놓아 세상을 밝게 비추신다.

구족세간종종음
具足世間種種音하사

보전법륜무불해
普轉法輪無不解케하시니

중생청자번뇌멸
衆生聽者煩惱滅이라

차변왕신지소오
此徧往神之所悟로다

세간의 갖가지 소리를 갖추어서
법륜을 널리 굴려 모두가 알게 하니
중생들이 듣고는 번뇌가 소멸하도다.
이것은 주행불애[徧往] 주방신이 깨달은 것이로다.

인도에는 방언이 대단히 많다. 석가세존도 아마 여러 방언들을 알고 있었을 것이다. 세간의 가지가지 소리를 모두 갖추어서 그 지방에 가면 그 지방의 말씀으로 설법하셨을 것이다. 특히 요즘 같은 세계화 시대에 살면서 다른 나라 언어 구사의 필요성을 절실히 느낀다. 영어권에서는 영어로, 중국에서는 중국어로, 일본에서는 일본어로 불법을 마음껏 설명하고 싶은 마음 간절하다. 세계적으로 널리 알려진 스님들은 하나같이 동양인이면서 영어를 자유롭게 구사한다. 요즘은 당연히 그래야 한다.

일 체 세 간 소 유 명
一切世間所有名에
불 명 등 피 이 출 생
佛名等彼而出生하사
실 사 중 생 이 치 혹
悉使衆生離癡惑케하시니
차 단 미 신 소 행 처
此斷迷神所行處로다

일체 세간에 있는 모든 이름들
부처님의 이름도 그와 같게 출생하사
중생에게 어리석음과 미혹을 벗어나게 하시니
이것은 영단미혹 주방신이 행한 곳이로다.

1천불 명호경, 1만불 명호경이라는 경전이 있다. 그러나 실은 세상에 있는 사물 하나하나의 이름만치 부처님의 이름이 있을 수 있다. 그와 같은 방편은 모두가 중생들로 하여금 어리석음을 버리게 하기 위한 방편설법이다.

약 유 중 생 지 불 전
若有衆生至佛前하야

득 문 여 래 미 묘 음
得聞如來美妙音하면

막 불 심 생 대 환 희
莫不心生大歡喜하니

변 유 허 공 오 사 법
徧遊虛空悟斯法이로다

만약 중생이 부처님 앞에 와서
여래의 아름답고 묘한 음성 들으면
마음에 큰 기쁨을 다 내나니
변유정공 주방신이 이 법을 깨달았네.

부처님이란 곧 부처님이 설하신 진리의 가르침이다. 진리의 가르침인 화엄경의 말씀은 참으로 아름답고 미묘하다. 이와 같은 화엄경의 한 구절만 듣고 마음에 새기면 세상의 그 어떤 기쁨보다 더욱 기쁘다. 불교와 인연을 맺은 사람들은 반드시 화엄경을 듣고 읽어야 하리라. 만약 불교를 만났으나 화엄경을 공부하지 못하면 불교를 만났다고 할 수 없으리라.

불어일일찰나중 　　　보우무변대법우
佛於一一刹那中에　　**普雨無邊大法雨**하사

실사중생번뇌멸 　　　차운당신소요지
悉使衆生煩惱滅케하시니　**此雲幢神所了知**로다

부처님이 낱낱 찰나 중에서
끝없는 큰 법의 비를 두루 내리사
중생들로 하여금 번뇌를 다 소멸하게 하니
이것은 운당대음 주방신이 깨달아 알았네.

흔히 부처님의 설법을 8만4천이나 되는 중생의 번뇌를 소멸하기 위해서 설하신 8만4천 법문이라 한다. 마음에서 일어나고 어리석어서 일어나는 실체도 없는 번뇌를 실체도 없는 법문을 설하여 다 소멸하신다. 번뇌의 병을 소멸하면 육신의 병도 따라서 소멸된다.

일체세간제업해 　　　불실개시등무이
一切世間諸業海를　　**佛悉開示等無異**하사

보사중생제업혹 　　　차계목신지소요
普使衆生除業惑하시니　**此髻目神之所了**로다

일체 세간 모든 업의 바다를

부처님이 다 열어 보여 동등하게 하여

중생으로 하여금 업과 미혹을 다 없애게 하시니

이것은 계목무난 주방신이 깨달은 바로다.

세상 사람들의 문제는 업과 미혹이다. 업과 미혹이 얼마나 많았으면 업의 바다라고 했을까. 부처님은 그것을 낱낱이 다 열어 보여서 낱낱이 다 제거하게 하였다.

일체지지무유변
一切智地無有邊하사

일체중생종종심
一切衆生種種心을

여래조견실명료
如來照見悉明了하시니

차광대문관세입
此廣大門觀世入이로다

모든 것을 아는 지혜의 땅은 그 끝이 없으사

일체 중생들의 갖가지 마음을

여래가 비춰 보고 다 밝게 아시니

이러한 광대한 문을 보관세업 주방신이 들어갔네.

부처님께서 깨달은 지혜를 일체지一切智 또는 일체종지 一切種智라고 한다. 일체를 다 아는 지혜라는 뜻인데 모든 존재의 현상적 차별성과 공성空性인 평등성을 다 안다는 것이다. 이와 같은 일체 지혜는 그 끝이 없어서 일체 중생의 가지가지 마음을 훤하게 비추어 다 안다.

불 어 왕 석 수 제 행
佛於往昔修諸行에

무 량 제 도 실 원 만
無量諸度悉圓滿하사

대 자 애 민 이 중 생
大慈哀愍利衆生하시니

차 변 유 신 지 해 탈
此徧遊神之解脫이로다

부처님이 지난 옛적 수행할 때에
한량없는 바라밀을 원만히 하사
큰 자비로 중생을 불쌍히 여겨 이익하게 하시니
이것은 주변유람 주방신의 해탈이로다.

부처님이 지난 옛적에 수행하셔서 바라밀을 원만히 하였다는 것은 화엄경에서는 10바라밀을 말한다. 10바라밀이란 보시, 지계, 인욕, 정진, 선정, 반야, 방편, 원願, 력力, 지혜다.

이와 같은 바라밀을 남김없이 다 원만히 수행하셔서 중생들을 이익하게 하려고 하신 것이다.

24. 주공신 대중들의 득법과 게송

1) 득법

復次淨光普照主空神은 **得普知諸趣一切衆生心解脫門**하니라

다시 또 정광보조淨光普照 주공신은 여러 갈래 모든 중생들의 마음을 널리 아는 해탈문을 얻었습니다.

주공신主空神이란 모든 공간과 허공과 사물의 공성空性을 맡아서 주관하는 신이라는 뜻이다. 공간이란 사람의 눈으로 볼 때 텅 비어 아무것도 없어 보이는 공간과 모든 사물에 다 스며 있는 공성을 뜻한다. 아주 단단한 돌이나 금속이나

심지어 다이아몬드까지도 그 본성은 공성空性이다. 공성이나 공간이야말로 모든 존재가 존재하게 하는 근본이 된다. 만약 공간이나 공성이 없다면 눈에 보이는 온갖 사물들은 그렇게 존재할 수 없다. 즉 있음은 없음이 근본이 된다. 없음으로 인하여 있음이 존재하는 것이다. 이와 같이 보면 공간이나 공성이 어찌 신이 아니며 보살이 아니며 부처님이 아니겠는가. 화엄대중으로서 매우 뛰어난 청법聽法 대중이리라. 이러한 이치를 통해서 온갖 6도 중생들의 마음을 널리 알 수 있다. 그 이름도 또한 공성처럼 청정한 광명을 널리 비춘다는 정광보조淨光普照다.

보 유 심 광 주 공 신   득 보 입 법 계 해 탈 문
普遊深廣主空神은 **得普入法界解脫門**하니라

보유심광普遊深廣 주공신은 법계에 널리 들어가는 해탈문을 얻었습니다.

존재의 공성에 맞게 이름이 보유심광普遊深廣이다. 존재의

깊고 넓은 곳까지 두루두루 노닌다는 뜻이다. 법을 얻음도 "법계에 널리 두루 들어가는 해탈문을 얻었다."고 하였다.

생길상풍주공신　득요달무변경계신상해
生吉祥風主空神은 **得了達無邊境界身相解**
탈문
脫門하니라

생길상풍生吉祥風 주공신은 끝없는 경계의 몸의 모습을 분명하게 아는 해탈문을 얻었습니다.

만약 공간이나 공성이 몸이 있다면 그 경계는 무량무변할 것이다. 한량도 없고 끝도 없을 것이다. 이와 같이 형상이 있는 것이나 형상이 없는 것이나 모두가 색즉시공色卽是空이며 공즉시색空卽是色이다.

이장안주주공신　득능제일체중생업혹장
離障安住主空神은 **得能除一切衆生業惑障**

해 탈 문
解脫門하니라

이장안주離障安住 주공신은 모든 중생의 업과 미혹의 장애를 제거하는 해탈문을 얻었습니다.

주공신主空神은 존재의 공성을 맡은 신이다. 중생의 업과 미혹도 실재하지 않는다. 존재의 공성을 알면 실재하지 않는 업과 미혹의 장애는 순식간에 사라질 것이다. 즉 번뇌본공煩惱本空의 이치를 깨닫는 것이다.

광 보 묘 계 주 공 신　　득 보 관 찰 사 유 광 대 행 해
廣步妙髻主空神은 **得普觀察思惟廣大行海**
해 탈 문
解脫門하니라

광보묘계廣步妙髻 주공신은 광대한 수행의 바다를 관찰하고 사유하는 해탈문을 얻었습니다.

불교에는 수행 방법이 대단히 많다. 가위 바다라 할 만

하다. 그 많은 수행법들을 잘 관찰하고 사유해서 자신에게 맞는 효과적인 것을 선택해야 할 것이다.

無礙光焰主空神은 得大悲光으로 普救護一切衆生厄難解脫門하니라

무애광염無礙光焰 주공신은 큰 자비의 광명으로 모든 중생의 액난을 널리 구호하는 해탈문을 얻었습니다.

지혜를 갖추게 되면 그 다음에는 반드시 자비가 있어야 한다. 지혜에 의한 자비로써 중생들의 액난을 구호하여야 한다.

無礙勝力主空神은 得普入一切호대 無所着福德力解脫門하니라

무애승력無礙勝力 주공신은 모든 것에 두루 들어가되 집착하는 바가 없는 복덕의 힘의 해탈문을 얻었습니다.

"집착하는 바가 없는 복덕의 힘"이란 얼마나 중요한가. 사람들은 복덕을 지을 줄을 알지만 모두가 그 복덕에 집착하기 때문에 도리어 손해를 보는 경우가 많다. 흔히 무주상無住相이라고 표현되는 것이 그것이다.

離垢光明主空神은 得能令一切衆生으로 心離諸蓋淸淨解脫門하니라

이구광명離垢光明 주공신은 일체 중생들로 하여금 마음에 모든 번뇌를 떠나서 청정하게 하는 해탈문을 얻었습니다.

어두움이란 본래 없는 것과 같이 번뇌란 본래 공한 것이다. 본래 공한 이치만 알면 아는 즉시 바로 떠나게 된다. 각

지즉무覺之卽無라 부작방편不作方便이라고 하였다.

심원묘음주공신   득보견시방지광명해탈
深遠妙音主空神은 **得普見十方智光明解脫**
문
門하니라

심원묘음深遠妙音 주공신은 시방의 지혜 광명을 널리 보는 해탈문을 얻었습니다.

시방세계가 그대로 지혜 광명이다. 달리 무슨 지혜 광명이 있겠는가. 두루두루 보는 그대로다.

광변시방주공신   득부동본처   이보현세
光徧十方主空神은 **得不動本處**하고 **而普現世**
간해탈문
間解脫門하니라

광변시방光徧十方 주공신은 본래의 처소에서 움직이지 아니하고 세간에 두루 나타나는 해탈문을 얻었습니다.

화엄경에서는 부처님은 처음 깨달음을 얻은 보리수나무 밑을 떠나지 않고 수미산정에도 오르고 야마천궁에도 오르고 도솔천궁에도 오른다고 하였다. 모든 존재가 다 같이 본래의 자리에서 떠나지 아니하고 시방세계에 두루두루 나타난다. 그 본래의 자리란 마음의 자리이며, 법성의 자리이며, 자성의 자리이며, 혹은 공한 자리이기도 하다.

2) 게송

이시 정광보조주공신 승불위력 보관
爾時에 淨光普照主空神이 承佛威力하사 普觀

일체주공신중 이설송언
一切主空神衆하고 而說頌言하사대

그때에 정광보조淨光普照 주공신이 부처님의 위신력을 받들어 모든 주공신 대중들을 널리 살펴보고 게송으로 말하였습니다.

여래광대목　　　　　청정여허공
如來廣大目이　　　**清淨如虛空**이라

보견제중생　　　　　일체실명료
普見諸衆生하사　　**一切悉明了**로다

여래의 넓고 크신 눈
청정하기 허공과 같도다.
모든 중생들을 널리 보사
일체를 다 밝게 아시네.

　여래의 눈이란 깨달음의 안목이다. 깨달음의 안목은 중생을 위시하여 모든 존재의 진실한 모습을 꿰뚫어 본다. 중생과 모든 존재의 진실한 모습이란 있음과 없음을 함께 보는 안목이다. 중생이면서 부처인 모습을 함께 보는 안목이다.

불신대광명　　　　　변조어시방
佛身大光明이　　　**徧照於十方**하사

처처현전주　　　　　보유관차도
處處現前住하시니　**普遊觀此道**로다

부처님의 몸 큰 광명이
시방을 두루 비추사
곳곳마다 앞에 나타나 머무시니
보유심광 주공신이 이 도를 보았네.

불신은 법신이다. 법신은 지혜신이다. 지혜신은 곧 광명신이다. 우리들 눈앞에 나타난 현상 그대로의 모습이다.

불 신 여 허 공
佛身如虛空하사

무 생 무 소 취
無生無所取며

무 득 무 자 성
無得無自性이시니

길 상 풍 소 견
吉祥風所見이로다

부처님의 몸 허공과 같으사
생김도 없고 취할 것도 없으며
얻음도 없고 자성도 없으시니
생길상풍 주공신이 본 바로다.

불신은 허공과 같다. 허공과 같으므로 일찍이 생긴 적도 없다. 생긴 적이 없으므로 사물을 취하듯이 취하는 것이 아니다. 그러므로 얻을 수도 없으며 고정불변하는 자성도 없다. 그것이 불신이거늘 부처님을 보았다는 것은 무엇을 뜻하는가. 금강경에 "만약 형상으로써 나를 보거나 소리를 들어 나를 구하면 이 사람은 삿된 도를 행하는 것이다. 능히 여래를 볼 수 없을 것이다."[12]라고 하였다.

여래 무량 겁
如來無量劫에

광 설 제 성 도
廣說諸聖道하사

보 멸 중 생 장
普滅衆生障하시니

원 광 오 차 문
圓光悟此門이로다

여래는 한량없는 겁 동안

여러 가지 성스러운 도를 널리 설하사

중생들의 장애를 두루 소멸하시니

이장안주[圓光] 주공신이 이 문을 깨달았네.

---

12) 若以色見我 以音聲求我 是人行邪道 不能見如來.

이 세상에는 오랜 세월 동안 축적된 가르침이 대단히 많다. 동서양의 철학 서적과 종교 서적들과 교육 관련 서적들과 정치 관련 서적들과 문학 관련 서적들이 매우 많지만 성스러운 도를 설파한 서적은 그리 많지 않다. 우리나라에서 일찍부터 가까이 할 수 있었던 것은 유교 서적과 도교 서적과 불교 서적 정도다. 사람들은 가능하면 성현들이 말씀하신 성스러운 가르침을 가까이 해야 할 것이다.

아 관 불 왕 석
我觀佛往昔에

소 집 보 리 행
所集菩提行호니

실 위 안 세 간
悉爲安世間이라

묘 계 행 사 경
妙髻行斯境이로다

내가 보니 부처님이 지난 옛적에
모아 놓은 보리행菩提行은
모두 세간을 편안하게 하기 위함이라.
광보묘계 주공신이 이 법을 행했도다.

부처님은 언제나 세상 사람들의 안녕을 위해서 수행하신

다. 그 수행을 한마디로 표현하면 보리행이다. 다시 보리행을 부연하면 지혜와 자비다. 보리심을 발한다는 말도 지혜와 자비의 마음을 낸다는 뜻이다.

일 체 중 생 계
一切衆生界가

유 전 생 사 해
流轉生死海어늘

불 방 멸 고 광
佛放滅苦光하시니

무 애 신 능 견
無礙神能見이로다

모든 중생의 세계가
생사의 바다에서 흘러 다니거늘
부처님이 고통을 없애는 광명을 놓으시니
무애광염 주공신이 능히 보았도다.

중생의 세계는 생사 고통의 바다다. 그래서 고해苦海라고 하고 법화경에서는 화택火宅이라고도 한다. 부처님은 가르침이라는 지혜의 광명을 놓아 온갖 고통을 없애 주신다.

청정공덕장
清淨功德藏이여

능위세복전
能爲世福田이라

수이지개각
隨以智開覺하시니

역신어차오
力神於此悟로다

청정한 공덕의 창고여

세간의 복밭이 됨이라.

그들을 따라 지혜로써 깨닫게 하시니

무애승력 주공신이 여기에서 깨달았네.

청정한 공덕의 창고가 되고 세간의 복밭이 되는 것은 오로지 부처님이며, 부처님의 가르침이며, 부처님의 가르침을 배우고 따르는 사람들이다. 모든 중생들에게 그것을 알게 하고 깨닫게 하여야 하리라.

중생치소부
衆生癡所覆로

유전어험도
流轉於險道어늘

불위방광명
佛爲放光明하시니

이구신능증
離垢神能證이로다

중생들이 어리석음에 덮여
험한 길을 흘러 다니거늘
부처님이 그들을 위해 광명을 놓으시니
이구광명 주공신이 증득했도다.

　중생의 병은 어리석음이 가장 큰 문제다. 탐욕도 분노도 모두 어리석음에서 나온 번뇌다. 어리석음 때문에 험한 인생길을 헤매는 것이다. 어리석음은 곧 어두움이기 때문에 진리의 가르침인 광명을 놓아 소멸한다.

지혜무변제
智慧無邊際하야

실현제국토
悉現諸國土하사

광명조세간
光明照世間하시니

묘음사견불
妙音斯見佛이로다

지혜가 끝이 없어서
모든 국토에 다 나타나사
광명으로 세간을 비추시니
심원묘음 주공신이 여기에서 부처님을 보았네.

부처님은 곧 지혜며, 지혜의 가르침이다. 그리고 세상을 밝게 비추는 광명이다.

불 위 도 중 생　　　　　수 행 변 시 방
佛爲度衆生하사　　　**修行徧十方**하시니

여 시 대 원 심　　　　　보 현 능 관 찰
如是大願心을　　　　**普現能觀察**이로다

부처님이 중생을 제도하기 위해서
시방에서 두루 수행하시니
이러한 큰 서원의 마음을
광변시방[普現] 주공신이 능히 관찰했도다.

부처님의 수행은 곧 중생 제도이며, 중생 제도가 곧 부처님의 수행이다. 보리심으로 충만한 부처님에게 무슨 다른 수행이 있겠는가. 자나 깨나 중생이며, 가나 오나 중생이다. 중생 외에는 깨달음도 없으며 수행도 없다.

25. 주풍신 대중들의 득법과 게송

1) 득법

부차무애광명주풍신 득보입불법 급일체
復次無礙光明主風神은 **得普入佛法**과 **及一切**

세간해탈문
世間解脫門하니라

다시 또 무애광명無礙光明 주풍신은 부처님의 법과 모든 세간에 두루 들어가는 해탈문을 얻었습니다.

주풍신主風神이란 바람을 맡아서 주관하는 신이다. 바람이란 공기의 변화를 따라 일어나는 바람 외에도 모든 생명이 움직이고 작용하는 운동 능력을 모두 포함한다. 그래서 바람은 우리의 육신과 우주만유를 구성하고 있는 네 가지 요소 중의 하나다. 만약 바람의 요소가 없으면 아무 것도 움직일 수 없다. 움직이는 것은 모두 바람의 힘이다. 태풍이나 토네이도나 회오리바람뿐만 아니라 호흡을 하고 피가 흐르고 맥박이 뛰고 신경이 감지하는 것 모두 바람의 힘이다. 첫 주풍신의 득법에 "부처님의 법과 일체 세간에 두루 들어간

다."고 한 것은 그래서이다.

보현용업주풍신   득무량국토불출현   함
普現勇業主風神은 **得無量國土佛出現**에 **咸**

광대공양해탈문
廣大供養解脫門하니라

보현용업普現勇業 주풍신은 한량없는 국토에 부처님이 출현出現함에 광대하게 공양하는 해탈문을 얻었습니다.

사찰에는 만발공양滿鉢供養이라는 것이 있다. 수행자가 사는 사찰에서는 언제나 발우는 크고 음식은 적다. 어쩌다 찰밥과 같은 대중공양이 들어오면 그 찰밥을 발우에 가득하게 담아서 공양하는 것에서 유래한 말이다. 한량없는 국토에 한량없는 부처님이 출현하시고 광대한 공양을 올리는 일은 훌륭한 해탈이리라.

표격운당주풍신　　득이향풍　　보멸일체중
飄擊雲幢主風神은 **得以香風**으로 **普滅一切衆**

생병해탈문
生病解脫門하니라

표격운당飄擊雲幢 주풍신은 향기로운 바람으로 일체 중생의 병을 모두 소멸해 주는 해탈문을 얻었습니다.

어쩌면 이런 생각을 할 수 있을까. "향기로운 바람으로 일체 중생의 병을 모두 소멸해 준다." 이 얼마나 통쾌하고도 기분 좋은 말씀인가. 제발 이럴 수만 있다면 온 세상 사람들의 그 모진 병고를 다 소멸하여 고쳐 줄 것이다. 그러나 이 뜻은 법문의 향기, 즉 법향法香을 뜻한다. 화엄경과 같은 법문의 향기는 모든 중생들의 모든 병고를 씻은 듯이 낫게 한다.

정광장엄주풍신　　득보생일체중생선근
淨光莊嚴主風神은 **得普生一切衆生善根**하야

영최멸중장산해탈문
令摧滅重障山解脫門하니라

정광장엄淨光莊嚴 주풍신은 일체 중생에게 선근善根을 널리 내어서 무거운 번뇌의 산을 꺾어 소멸하게 하는 해탈문을 얻었습니다.

사람들은 번뇌를 걱정한다. 번뇌를 소멸하는 방법은 선한 일을 열심히 하는 것이다. 남을 위해 봉사하고 가난하고 힘든 사람과 병고를 앓는 사람들을 돕고자 하는 보리심을 낼 때 번뇌는 저절로 사라진다. 화두 일념이 되면 번뇌 망상은 일어날 틈이 없다. 열심히 독경하고 사경하는데 무슨 업장이 있겠는가.

力能竭水主風神은 得能破無邊惡魔衆解脫門하니라
역능갈수주풍신   득능파무변악마중해탈문

역능갈수力能竭水 주풍신은 끝없이 많은 악마의 무리를 깨뜨리는 해탈문을 얻었습니다.

업장을 소멸하고 번뇌를 제거하고 악마를 물리치는 방법은 일념으로 독경하고 일념으로 사경하는 길밖에 없다.

대 성 변 후 주 풍 신　　득 영 멸 일 체 중 생 포 해 탈
大聲徧吼主風神은 **得永滅一切衆生怖解脫**
문
門하니라

대성변후大聲徧吼 주풍신은 모든 중생의 공포를 영원히 소멸하게 하는 해탈문을 얻었습니다.

사람들은 공포를 느낄 때가 많다. 여러 가지 이유가 있겠지만 공포를 물리치는 방법은 한 가지다. 일념으로 염불하거나 독경을 하거나 사경을 하거나 화두를 들거나 하는 것이다. 어떤 수행을 하든지 일념이 되어야 한다.

수 초 수 계 주 풍 신　　득 입 일 체 제 법 실 상 변 재
樹杪垂髻主風神은 **得入一切諸法實相辯才**

해 해 탈 문
海解脫門하니라

수초수계樹秒垂髻 주풍신은 일체 모든 법의 실상에 들어가는 변재바다의 해탈문을 얻었습니다.

부처님이 깨달으신 내용을 여러 가지로 설명한다. 그중에서 제법실상의 이치를 깨달았다고도 한다. 사람을 위시하여 모든 존재의 진실한 모습을 꿰뚫어 알았다는 뜻이다. 화엄경의 견해로 볼 때 사람이나 동물이나 산천초목이나 산하대지가 제법의 진실한 모습이며 그대로 완전무결한 진여불성이며 부처님이다.

보 행 무 애 주 풍 신　　득 조 복 일 체 중 생 방 편 장
普行無礙主風神은 **得調伏一切衆生方便藏**
해 탈 문
解脫門하니라

보행무애普行無礙 주풍신은 모든 중생을 조복하는 방편 창고의 해탈문을 얻었습니다.

중생을 조복한다는 말은 중생을 제도, 교화하고 성숙, 성취, 해탈케 한다는 말과 같다. 중생을 제도하는 일에는 근기와 수준에 따라 무수한 방편이 있을 수 있다.

종종궁전주풍신   득입적정선정문   멸극
種種宮殿主風神은 **得入寂靜禪定門**하야 **滅極**
중우치암해탈문
重愚癡闇解脫門하니라

종종궁전種種宮殿 주풍신은 고요한 선정禪定의 문에 들어가서 지극히 무거운 어리석음의 어두움을 소멸하는 해탈문을 얻었습니다.

불교의 수행을 계戒 정定 혜慧 삼학의 순서대로 닦는다고 한다. 선정을 닦을 수 있는 모든 안팎의 사정이 갖춰진 것을 '계'라 한다. 그 계가 갖춰진 뒤에 '선정'이 이뤄지는데 선정이 이뤄지면 '지혜'는 저절로 드러난다. 그러므로 선정을 통해서 지극히 무거운 어리석음의 어두움을 소멸하게 된다. 선정의 물이 맑으면 지혜의 달이 밝고, 지혜의 달이 밝으면 어리석음의 암흑은 저절로 사라진다.

　　대 광 보 조 주 풍 신　　득 수 순 일 체 중 생 행 무 애
　大光普照主風神은 **得隨順一切衆生行無礙**

력 해 탈 문
力解脫門하니라

　대광보조大光普照 주풍신은 일체 중생을 수순하여 걸림이 없는 힘을 행하는 해탈문을 얻었습니다.

　중생들에게 법을 펴는 데 지혜나 변재에 걸림이 없는 힘을 행할 수 있어야 한다. 부족한 지혜와 부족한 지식과 어둔한 변재로 중생을 교화하면 듣는 사람이 감동을 하지 않고 따르지도 않는다. 지혜와 변재가 부족하면 노력과 정성과 마음을 다 동원하여 공부하고 공부한 것을 나눠야 한다.

2) 게송

爾時_에 無礙光明主風神_이 承佛威力_{하사} 普觀
一切主風神衆_{하고} 而說頌言_{하사대}

그때에 무애광명無礙光明 주풍신이 부처님의 위신력을 받들어 모든 주풍신 대중들을 널리 살피고 게송으로 말하였습니다.

一切諸佛法甚深_에　　無礙方便普能入_{하사}
所有世間常出現_{하사대}　無相無形無影像_{이로다}

일체 모든 부처님의 법 매우 깊은데
걸림 없는 방편으로 널리 들어가서
모든 세간에 항상 출현하시나
모양 없고 형체 없고 영상도 없네.

부처님은 곧 법이며 법은 곧 부처님이다. 그리고 법은 곧 일체 세간에 두루 존재하는 존재의 진리성이다. 그와 같은 이치는 실로 무상심심미묘법이다. 그래서 특별한 형상도 없고 영상도 없다.

여 관 여 래 어 왕 석
汝觀如來於往昔에

여 시 용 맹 보 리 행
如是勇猛菩提行이여

일 념 공 양 무 변 불
一念供養無邊佛하라

차 보 현 신 능 오 료
此普現神能悟了로다

그대는 여래의 옛적 일을 보아라.
한 생각에 그지없는 부처님께 공양하였네.
이와 같이 용맹한 보리행이여
보현용업 주풍신이 잘 깨달았네.

5백 명의 아라한상이 모셔진 곳에 가면 그 5백 명에게 일일이 공양을 올린다고 하여 5백 개의 발우를 앞앞이 진열해 놓고 그 발우에다 갖가지 공양물을 담아 두게 하였다. 그것은 오로지 중생들의 어리석은 계산법이거나 아니면 주지승의 간교한 방편 수단이다. 한순간에 무변한 부처님께 공양 올리는 화엄의 이치에 눈을 떠야 하리라. 일미진중에 시방세계가 포함되어 있다고 하지 않던가. 이것이 화엄경 식의 용맹한 보리행이다.

여래구세부사의 　　소유방편무공과
如來救世不思議어　　**所有方便無空過**하사

실사중생이제고 　　차운당신지해탈
悉使衆生離諸苦케하니　　**此雲幢神之解脫**이로다

여래가 세상을 구제함이 부사의함이여
모든 방편이 헛되지 않고
중생들을 모든 고통에서 떠나게 하시니
이것은 표격운당 주풍신의 해탈이로다.

불교에는 방편이 대단히 많다. 초기불교에는 거의 없던 방편이 세월이 지나면서 하나씩 하나씩 생기기 시작하여 21세기에 와서는 그 수를 헤아릴 수 없을 정도로 많아졌다. 지금도 계속 생기고 있는 중이다. 그러나 그 방편들은 나름대로 중생에게 끼치는 이익이 있어서 결코 헛된 것이 아니다.

'장대교망張大敎網하여 녹인천지어漉人天之魚'라고 하였다. 드넓은 가르침의 그물을 펼쳐서 인간과 천신들의 고기를 다 건진다는 뜻이다.

중생무복수중고 중개밀장상미부
衆生無福受衆苦하야 **重蓋密障常迷覆**어늘

일체개령득해탈 차정광신소요지
一切皆令得解脫케하시니 **此淨光神所了知**로다

중생들이 복이 없어 온갖 고통 다 받아서
무거운 번뇌와 빽빽한 업장에 항상 덮여 있거늘
그런 이들 모두 다 해탈케 하니
이것은 정광장엄 주풍신이 다 알았네.

복에는 깨끗한 청복淸福이 있는가 하면 흐리고 혼탁한 탁복濁福도 있다. 여기서 복이 없다는 말은 청복이 없다는 것을 뜻한다. 그렇다면 청복은 무엇인가. 인간의 가치와 존엄성을 잘 아는 성인의 가르침을 청복이라 한다. 화엄경을 만난 복이라면 그것은 훌륭한 청복이다. 청복은 사람이 가치 있게 사는 길과 바르게 사는 길과 지혜롭게 사는 길을 가르친다. 이와 같은 청복은 번뇌와 업장으로부터 해탈하게 한다.

여래 광 대 신 통 력
如來廣大神通力으로

극 진 일 체 마 군 중
克殄一切魔軍衆하시니

소 유 조 복 제 방 편
所有調伏諸方便이어

용 건 위 력 능 관 찰
勇健威力能觀察이로다

여래의 넓고 크신 신통력으로
모든 마군의 무리들을 무찌르나니
그렇게 조복하는 모든 방편은
역능갈수[勇健威力] 주풍신이 관찰하였네.

여래의 넓고 크신 신통력으로 모든 마군들을 무찌른다고 하니 마치 군대를 동원하여 큰 전쟁을 일으킨 듯한 광경이다. 만약 중생들의 번뇌의 마군을 지혜의 칼로 제거하는 것을 형상화하면 그와 같을지도 모른다. 다행히 번뇌의 마군은 실재하는 것이 아니며 자비와 지혜도 또한 환영과 같은 것이다.

불 어 모 공 연 묘 음
佛於毛孔演妙音_{하사대}　기 음 보 변 어 세 간
其音普徧於世間_{하사}

일 체 고 외 개 영 식
一切苦畏皆令息_{하시니}　차 변 후 신 지 소 료
此徧吼神之所了_{로다}

부처님의 모공毛孔에서 연설하는 미묘한 소리
그 소리 세간에 널리 퍼지사
일체 고통 두려움을 쉬게 하시니
이것은 대성변후 주풍신이 안 것이로다.

부처님은 곧 진리의 가르침이다. 진리의 가르침은 곧 사람들로 하여금 이고득락하게 하는 것이다. 저 많고 많은 팔만대장경의 가르침은 곧 부처님의 모공 하나하나다. 한 마디 한 구절 한 글자가 어찌 부처님의 모공이 아니랴. 더 나아가서 삼라만상마저도 낱낱이 부처님의 모공이며 부처님의 설법이다.

불 어 일 체 중 찰 해
佛於一切衆刹海_에　부 사 의 겁 상 연 설
不思議劫常演說_{하시니}

차여래지묘변재　　　수초계신능오해
此如來地妙辯才라　**樹杪髻神能悟解**로다

부처님이 모든 세계바다에서
부사의한 겁 동안 항상 연설하시니
이러한 여래 경지의 미묘한 변재는
수초수계 주풍신이 능히 깨달았네.

　여래 경지의 미묘한 변재란 모든 시간과 모든 공간에 존재하는 모든 것들이 여여한 모습으로 그렇게 존재하는 것이다. 구태여 입으로 말을 하고 귀로 듣는, 그와 같은 변재의 경지가 아니다.

불어일체방편문　　　지입기중실무애
佛於一切方便門에　**智入其中悉無礙**하사

경계무변무여등　　　차보행신지해탈
境界無邊無與等하시니　**此普行神之解脫**이로다

부처님이 모든 방편문에서
그 가운데에 지혜로 들어가서 걸림 없으사

그 경계 그지없고 같을 이 없어
이것은 보행무애 주풍신의 해탈이로다.

불교에서는 방편을 많이 활용한다. 그러나 중생의 이익을 위한 진정성이 없으며 지혜도 없이 생각나는 대로 방편을 쓰거나 다른 의도에서 쓰는 경우가 많다. 이는 말세가 되니 방편을 빙자하여 사도邪道로 가고 있는 경우가 많다.

여래경계무유변　　　처처방편개영견
如來境界無有邊하사　**處處方便皆令見**하사대
이신적정무제상　　　종종궁신해탈문
而身寂靜無諸相하시니　**種種宮神解脫門**이로다

여래의 경계는 끝이 없으사
곳곳에서 방편으로 다 보게 하시나
그 몸은 고요하여 아무 형상 없으니
종종궁전 주풍신의 해탈이로다.

여래의 경계는 온 우주 그 자체며, 온 허공계 그 자체며,

온 법계 그 자체다. 온 법계 그 자체이기 때문에 법계 안에 있는 것은 모두 함께 그대로 여래다. 그래서 특별한 형상이 없다. 특별한 형상은 없으나 온 우주인 관계로 곳곳에서 다 보게 한다.

여래겁해수제행
如來劫海修諸行이여
일체제력개성만
一切諸力皆成滿하사
능수세법응중생
能隨世法應衆生하시니
차보조신지소견
此普照神之所見이로다

여래께서 오랜 세월 수행함이여
일체의 힘을 다 이루어 만족하게 하사
세상의 법을 따라 중생에게 응하시니
이것은 대광보조 주풍신이 본 것이로다.

세상의 거부장자는 오랜 세월 동안 돈을 많이 벌었기에 오늘날 거부장자가 되었다. 법력法力의 거부장자이신 여래께서는 역시 겁의 바다라는 오랜 세월 동안 갖가지 수행을 다 갖추셨다. 6바라밀과 4무량심과 4섭법과 10바라밀 등을 열

심히 수행하셨기에 일체의 힘을 만족하게 성취하셨다. 그 힘으로 세상의 법을 따라 중생들의 근기에 맞추어 교화하신다. 이것은 불교를 공부하는 모든 사람이 걸어가야 할 본보기를 보이신 것이다.

〈제3권 끝〉

華嚴經 構成表

分次	周次		內容	品數	會次
舉果勸樂生信分 (信)	所信因果周		如來依正	世主妙嚴品 第一 如來現相品 第二 普賢三昧品 第三 世界成就品 第四 華藏世界品 第五 毘盧遮那品 第六	初會
修因契果生解分 (解)	差別因果周	差別因	十信	如來名號品 第七 四聖諦品 第八 光明覺品 第九 菩薩問明品 第十 淨行品 第十一 賢首品 第十二	二會
			十住	昇須彌山頂品 第十三 須彌頂上偈讚品 第十四 十住品 第十五 梵行品 第十六 初發心功德品 第十七 明法品 第十八	三會
			十行	昇夜摩天宮品 第十九 夜摩天宮偈讚品 第二十 十行品 第二十一 十無盡藏品 第二十二	四會
			十迴向	昇兜率天宮品 第二十三 兜率宮中偈讚品 第二十四 十迴向品 第二十五	五會
			十地	十地品 第二十六	六會
			等覺	十定品 第二十七 十通品 第二十八 十忍品 第二十九 阿僧祇品 第三十 如來壽量品 第三十一 菩薩住處品 第三十二	七會
		差別果	妙覺	佛不思議法品 第三十三 如來十身相海品 第三十四 如來隨好光明功德品 第三十五	
	平等因果周	平等因		普賢行品 第三十六	
		平等果		如來出現品 第三十七	
托法進修成行分 (行)	成行因果周		二千行門	離世間品 第三十八	八會
依人證入成德分 (證)	證入因果周		證果法門	入法界品 第三十九	九會

(資料：文殊經典研究會)

會場	放光別	會主	入定別	說法別舉
菩提場	遮那放齒光眉間光	普賢菩薩為會主	入毘盧藏身三昧	如來依正法
普光明殿	世尊放兩足輪光	文殊菩薩為會主	此會不入定，信未入位故	十信法
忉利天宮	世尊放兩足指光	法慧菩薩為會主	入無量方便三昧	十住法門
夜摩天宮	如來放兩足趺光	功德林菩薩為會主	入菩薩善思惟三昧	十行法門
兜率天宮	如來放兩膝輪光	金剛幢菩薩為會主	入菩薩智光三昧	十迴向法門
他化天宮	如來放眉間毫相光	金剛藏菩薩為會主	入菩薩大智慧光明三昧	十地法門
再會普光明殿	如來放眉間口光	如來為會主	入剎那際三昧	等妙覺法門
三會普光明殿	此會佛不放光，表行依解法依解光故	普賢菩薩為會主	入佛華莊嚴三昧	二千行門
祇陀園林	放眉間白毫光	如來善友為會主	入獅子頻申三昧	果法門

如天 無比

1943년 영덕에서 출생하였다. 1958년 출가하여 덕흥사, 불국사, 범어사를 거쳐 1964년 해인사 강원을 졸업하고 동국역경연수원에서 수학하였다. 10여 년 선원생활을 하고 1976년 탄허스님에게 화엄경을 수학하고 전법, 이후 통도사 강주, 범어사 강주, 은해사 승가대학원장, 대한불교조계종 교육원장, 동국역경원장, 동화사 한문불전승가대학원장 등을 역임하였다.

현재 부산 문수선원 문수경전연구회에서 150여 명의 스님과 250여 명의 재가 신도들에게 화엄경을 강의하고 있다. 또한 다음 카페 '염화실(http://cafe.daum.net/yumhwasil)'을 통해 '모든 사람을 부처님으로 받들어 섬김으로써 이 땅에 평화와 행복을 가져오게 한다.'는 인불사상(人佛思想)을 펼치고 있다.

저서로 『법화경 법문』, 『신금강경 강의』, 『직지 강설』(전 2권), 『법화경 강의』(전 2권), 『신심명 강의』, 『임제록 강설』, 『대승찬 강설』, 『유마경 강설』, 『당신은 부처님』, 『사람이 부처님이다』, 『이것이 간화선이다』, 『무비 스님과 함께하는 불교공부』, 『무비 스님의 중도가 강의』, 『일곱 번의 작별인사』, 무비 스님이 가려 뽑은 명구 100선 시리즈(전 4권) 등이 있고 편찬하고 번역한 책으로 『화엄경(한글)』(전 10권), 『화엄경(한문)』(전 4권), 『금강경 오가해』 등이 있다.

대방광불화엄경 강설 제3권

| **초판 1쇄 발행**_ 2014년 4월 7일
| **초판 4쇄 발행**_ 2018년 4월 20일

| **지은이**_ 여천 무비(如天 無比)
| **펴낸이**_ 오세룡
| **편집**_ 박성화 손미숙 정선경 이연희
| **기획**_ 최은영
| **디자인**_ 고혜정 김효선 장혜정
| **홍보 마케팅**_ 이주하
| **펴낸곳**_ 담앤북스
   서울특별시 종로구 사직로8길 34 (내수동) 경희궁의 아침 3단지 926호
   대표전화 02)765-1251 전송 02)764-1251 전자우편 damnbooks@hanmail.net
   출판등록 제300-2011-115호
| ISBN   978-89-98946-18-0   04220

정가 14,000원

ⓒ 무비스님 2014